# Malala

## MI HISTORIA

# MI HISTORIA

## MALALA YOUSAFZAI
### con PATRICIA McCORMICK

Traducido del inglés por Julia Fernández

Alianza Editorial

Título original: *I Am Malala*
Esta edición ha sido publicada por acuerdo con Little, Brown and Company, New York,
New York. USA. Todos los derechos reservados.

*El autor y la editorial han hecho todos los esfuerzos*
*para que la información contenida en este libro sea correcta.*
*Los acontecimientos, lugares y conversaciones se basan en recuerdos del autor.*
*Se han modificado algunos nombres y detalles identificadores*
*para proteger la intimidad de las personas.*

*Se han hecho todos los esfuerzos para cumplir los requisitos*
*sobre la reproducción de material sujeto a copyright. El autor*
*y la editorial rectificarán gustosamente cualquier omisión*
*en la primera oportunidad.*

*Mapa: John Gilkes*
*Gracias a Hinna Yusuf por propocionar el material para la cronología.*

*Copyright © 2014 by Salarzai Limited*
*© de la traducción: Julia Fernández, 2014*
*© Alianza Editorial, S. A., Madrid, 2014*
*Calle Juan Ignacio Luca de Tena, 15; 28027 Madrid; teléf. 913938888*
*www.alianzaeditorial.es*
*ISBN: 978-84-206-9331-6*
*Depósito legal: M. 24.830-2014*
*Printed in Spain*

SI QUIERE RECIBIR INFORMACIÓN PERIÓDICA SOBRE LAS NOVEDADES DE
ALIANZA EDITORIAL, ENVÍE UN CORREO ELECTRÓNICO A LA DIRECCIÓN:
alianzaeditorial@anaya.es

*Para los niños de todo el mundo que no tienen acceso
a la educación, para los maestros que valientemente
continúan enseñando y para todos los que han luchado
por su educación y sus derechos humanos fundamentales.*

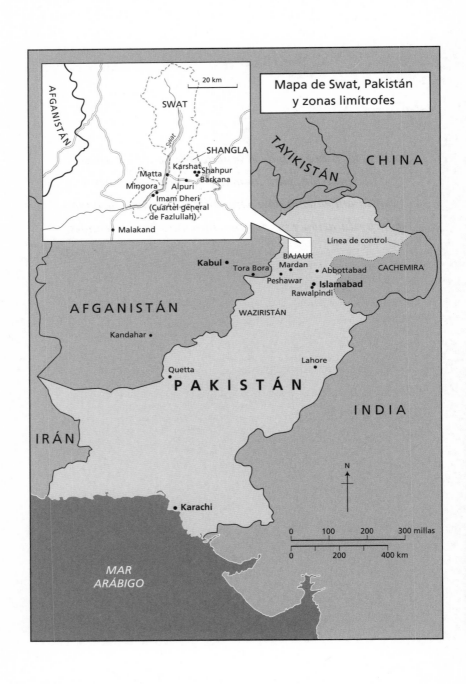

Mapa de Swat, Pakistán
y zonas limítrofes

# Índice

# Índice

# Prólogo

Cuando cierro los ojos, veo mi cuarto. La cama está sin hacer, la mullida manta está arrugada a un lado porque llego tarde a un examen y me he levantado a toda prisa. En mi mesa está abierta mi agenda escolar en la página que lleva la fecha del 9 de octubre de 2012. Y el uniforme —el shalwar blanco y el kamiz azul— está colgado en una percha de la pared, esperándome.

Oigo a los niños del vecindario jugar al cricket en una callejuela que hay detrás de nuestra casa. Oigo el rumor del bazar, no muy lejos. Y, si escucho atentamente, oigo a Safina, mi amiga que vive en la casa de al lado, dando golpecitos en la pared para contarme un secreto.

Huelo el arroz que se está haciendo mientras mi madre se ocupa de todo en la cocina. Oigo a mis hermanos pequeños pelearse por el mando a distancia, y los canales de la televisión fluctuar entre *WWE SmackDown* y dibujos animados. Pronto oiré a mi padre llamarme por mi apodo con su profunda voz. «*Jani* —dirá, que en persa significa "querida amiga"—, ¿cómo marchaba hoy el colegio?» Me pregunta cómo han ido las cosas en el Colegio Khushal de Niñas, que él había fundado y donde yo estudiaba, pero yo siempre aprovecho para responder literalmente.

«*Aba* —responderé en broma—, ¡el colegio no marcha! En todo caso, camina lentamente.» Ésa es mi forma de decirle que las cosas pueden ir mejor.

Salí de mi querido hogar en Pakistán una mañana, pensando que, en cuanto acabaran las clases, volvería a meterme entre las sábanas. Sin embargo, acabé en el otro extremo del mundo.

Algunas personas dicen que ahora sería muy peligroso para mí volver. Que nunca podré regresar. Así que, de vez en cuando, vuelvo allí en mis pensamientos.

Pero ahora otra familia vive en aquella casa, otra niña duerme en aquella habitación, mientras yo estoy a miles de kilómetros de distancia. No me importan mucho las demás cosas que hay en mi habitación, pero sí me preocupan los premios escolares que hay en mi estantería. Incluso sueño con ellos algunas veces. Hay un premio de finalista del primer concurso de oratoria en el que participé. Y más de cuarenta y cinco copas y medallas doradas por ser la primera de la clase en exámenes, debates y competiciones. A otra persona le pueden parecer adornos de plástico sin valor. Pero, para mí, son recordatorios de la vida que amaba y de la niña que era... antes de salir de casa aquel día fatídico.

Cuando abro los ojos, me encuentro en mi nueva habitación. Está en una sólida casa de ladrillo en un lugar húmedo y frío llamado Birmingham, Inglaterra. Aquí sale agua corriente de cada grifo, fría o caliente, como prefieras. No hace falta traer las bombonas de gas desde el mercado para calentar el agua. Aquí hay habitaciones grandes con suelos brillantes de madera. Los muebles también son grandes y hay un televisor enorme.

Apenas se oye un ruido en este barrio de las afueras, tranquilo y verde. No hay niños riendo y chillando. No hay mujeres abajo cortando la verdura y charlando de sus cosas con mi madre. No hay hombres fumando y discutiendo de política. Sin embargo, a veces, a pesar de las gruesas paredes de la casa, oigo a alguien de mi familia llorar porque se acuerda de nuestro hogar. Entonces mi padre entra en casa y dice con voz fuerte: «*¡Jani!, ¿*Qué tal en el colegio?».

Ya no hacemos juegos de palabras. No me pregunta por el colegio que él dirige y en el que yo estudio. Pero hay algo de preocupación en su voz, como si temiera que yo no fuera a estar ahí para responderle. Porque no hace mucho tiempo casi me mataron, simplemente por defender mi derecho a ir a la escuela.

\*

Era un día como muchos otros. Yo tenía quince años, estaba en noveno curso, y la noche anterior me había quedado demasiado tiempo levantada, estudiando para un examen.

15

Ya había oído al gallo cantar al amanecer, pero me había vuelto a dormir. Había oído la llamada a la oración de la mezquita que había cerca de nuestra casa, pero me había ocultado bajo la manta. Y había fingido que no oía a mi padre cuando vino a despertarme.

Entonces se acercó mi madre y me sacudió suavemente el hombro. «Despierta, *pisho* —dijo, llamándome "gatito" en pashtún, la lengua de los pashtunes—. ¡Ya son las siete y media y vas a llegar tarde al colegio!»

Tenía un examen de historia y cultura pakistaní. Así que rogué apresuradamente a Dios. *Si es tu deseo, ¿sería posible que fuera la primera?* —susurré—. *¡Ah, y gracias por todos los éxitos que he conseguido hasta ahora!*

Con el té, me tomé a toda prisa un trozo de huevo frito y chapati. Mi hermano más pequeño, Atal, estaba especialmente pesado aquella mañana. Se quejaba de toda la atención que yo recibía por pedir que las niñas recibieran la misma educación que los chicos, y mi padre bromeó con él un poco mientras tomaba el té.

«Cuando Malala sea primera ministra algún día, podrás ser su secretario», dijo.

Atal, el pequeño payaso de la familia, fingió ofenderse.

«¡No! —gritó—. ¡Ella será *mi* secretaria!»

Toda esta charla casi me hizo llegar tarde y me apresuré a marcharme, dejando el desayuno a medio acabar en la mesa. Bajé corriendo por el sendero justo a tiempo de ver el autobús lleno de niñas de camino al colegio. Aquel martes por la mañana subí de un salto y nunca volví la vista hacia nuestra casa.

\*

El camino al colegio era rápido, sólo cinco minutos por la carretera y a lo largo del río. Llegué a tiempo y el día del examen pasó como de costumbre. El caos de la ciudad de Mingora nos rodeaba, con el ruido de los cláxones y las fábricas, mientras nosotras trabajábamos en silencio, inclinadas sobre nuestros papeles y completamente concentradas. Al salir del colegio, estaba cansada pero contenta; sabía que el examen me había salido bien.

«Vamos a quedarnos hasta el segundo turno —me dijo Moniba, mi mejor amiga—. Así podemos hablar un poco más.»

Siempre nos gustaba quedarnos hasta el último autobús.

Durante varios días había tenido una extraña e inquietante sensación de que algo malo iba a ocurrir. Una noche me encontré pensando en la muerte. *¿Cómo será estar muerta?*, me preguntaba. Estaba sola en mi habitación, así que me volví hacia La Meca y pregunté a Dios.

«¿Qué ocurre cuando te mueres? —dije—. ¿Qué se siente?»

Si moría, quería explicar a la gente lo que se sentía.

«Malala, eres tonta —me dije a mí misma—. Si estás muerta, no vas a poder explicar a nadie cómo fue.»

Antes de acostarme, pedí a Dios una cosa más. ¿Podría morir un poquito y regresar para poder decir a la gente cómo es?

Pero el día siguiente había amanecido claro y soleado, lo mismo que el siguiente y el otro. Y ahora sabía que había hecho bien mi examen. Los nubarrones que hubiera habido sobre mi cabeza habían empezado a despejarse. Así que Moniba y yo hicimos lo que siempre hacíamos: charlamos de nuestras cosas. ¿Qué crema para la cara estás usando? ¿Se había tratado la calvicie uno de nuestros maestros? Y, ahora que el primer examen había pasado, ¿sería muy difícil el siguiente?

Cuando llegó nuestro autobús, bajamos las escaleras corriendo. Como siempre, Moniba y las demás niñas se cubrieron la cabeza y la cara antes de salir del recinto y subir al *dyna*, la furgoneta blanca que era el «autobús» del Colegio Khushal. Y, como siempre, el conductor tenía preparado un truco de magia para divertirnos. Aquel día hizo desaparecer un guijarro. Por mucho que lo intentábamos, no conseguíamos descubrir su secreto.

Nos apretujamos dentro, veinte chicas y dos profesoras apiñadas en los tres bancos que se extendían de un lado a otro del *dyna*. El calor era sofocante y no había ventanas: sólo un plástico amarillento que golpeaba contra un lado, mientras avanzábamos a trompicones por las abarrotadas calles de Mingora en la hora punta.

La calle de Haji Baba era una confusión de rickshaws de vivos colores, mujeres con velos hinchados por el viento, hombres en moto, tocando el claxon y zigzagueando por el tráfico. Pasamos junto a un tendero que estaba sacrificando pollos. Un muchacho que vendía helados de cucurucho. Una valla publicitaria del Instituto de Trasplante Capilar del Doctor Humayun. Moniba y yo estábamos absortas en nuestra conversación. Tenía muchas amigas, pero ella era mi amiga del alma, a la que contaba todo. Aquel día, cuando especulábamos sobre quién tendría las mejores notas ese semestre, una de las niñas empezó a cantar y el resto nos unimos.

Justo después de pasar la fábrica de dulces Pequeños Gigantes y la curva en la carretera, a no más de unos tres minutos de mi casa, el autobús se detuvo lentamente. Fuera reinaba una extraña calma.

«Hoy está esto muy tranquilo —dije a Moniba—. ¿Dónde está toda la gente?»

Después no recuerdo nada más, pero ésta es la historia que me han contado:

Dos jóvenes con vestimenta blanca se plantaron delante del autobús.

«¿Es éste el autobús del Colegio Khushal?», preguntó uno de ellos.

El conductor se rió. El nombre del colegio estaba pintado en letras negras a uno de los lados.

El otro joven saltó y se asomó a la parte de atrás, donde todas íbamos sentadas.

«¿Quién es Malala?», preguntó.

Nadie dijo nada, pero varias niñas miraron en mi dirección. Levantó el brazo y apuntó hacia mí. Algunas niñas gritaron y yo apreté la mano de Moniba.

¿Quién es Malala? Yo soy Malala, y ésta es mi historia.

# PARTE PRIMERA
## *Antes de los talibanes*

# 1

## *Libre como un pájaro*

Soy Malala, una niña como cualquier otra… aunque tengo algunos talentos especiales.

Tengo articulaciones dobles y puedo chasquear las articulaciones de los dedos de las manos y los pies cuando quiero. (Y me encanta ver la cara de grima que pone la gente.) Puedo ganar un pulso a alguien que me dobla la edad. Me encantan los cupcakes, pero no los caramelos. No creo que el chocolate negro merezca ser llamado chocolate. Odio las berenjenas y los pimientos verdes, pero adoro la pizza. Creo que Bella, de *Crepúsculo*, es demasiado voluble y no entiendo por qué elige al aburrido de Edward. Como decimos mis amigas de Pakistán y yo, es un muermo.

No me gustan las joyas ni pintarme, y tampoco soy lo que podrías llamar muy femenina. Sin embargo, mi color favorito es el rosa y reconozco que me paso mucho tiempo delante del espejo probando peinados. Cuando era más pequeña, intentaba aclararme la piel con miel, agua de rosas y leche de búfala. (Cuando te echas leche en la cara, huele muy mal).

Afirmo que si abres la mochila de un chico, siempre está desordenada, y si miras su uniforme, siempre está sucio. Esto no es una opinión. Simplemente es un hecho.

Soy pashtún, miembro de una orgullosa tribu repartida entre Afganistán y Pakistán. Mi padre, Ziauddin, y mi madre, Toor Pekai, son de aldeas de las montañas, pero cuando se casaron, se fueron a vivir a Mingora, la ciudad más grande del valle de Swat, que está al noroeste de Pakistán, donde yo nací. Swat era conocido por su belleza y venían turistas de todo el mundo para ver sus altas montañas, sus verdes colinas y sus ríos de agua cristalina.

Me pusieron Malala por la gran heroína pashtún, la joven Malalai, cuyo valor fue un ejemplo para sus compatriotas.

Pero yo no creo en la lucha, aunque mi hermano de catorce años, Khushal, no para de provocarme. *Yo* no me peleo con él. Más bien, es *él* quien se pelea conmigo. Y estoy de acuerdo con Newton: para cada acción, hay una reacción equivalente y opuesta. Así que supongo que se puede decir que cuando Khushal se pelea conmigo, yo le sigo la corriente. Discutimos por el mando del televisor. Por los recados. Por quién es mejor alumno. Por quién se comió los últimos gusanitos. Por todo lo imaginable.

Mi hermano de diez años, Atal, me incordia menos. Y es muy bueno recogiendo la pelota de cricket cuando se sale del campo. Pero a veces él crea sus propias reglas.

Cuando era más pequeña y mis hermanos empezaron a llegar, mantuve un pequeña charla con Dios. *Dios* —dije—, *no me consultaste antes de mandarme a estos dos. No me preguntaste qué me parecía. A veces son un fastidio.* Cuando quiero estudiar, hacen un ruido terrible. Y cuando me cepillo los dientes por la mañana, golpean la puerta del baño. Pero ya me he conformado con estos hermanos. Al menos con dos se puede jugar un partido de cricket.

En nuestro hogar, en Pakistán, los tres solíamos correr como una conejera por las callejuelas próximas a nuestra casa; jugábamos a «corre que te pillo», a otro juego que se llamaba «mango, mango», a una rayuela que llamábamos *chindakh* (que significa «rana») y a policías y ladrones. A veces llamábamos al timbre de la casa de alguien y después corríamos a escondernos. Pero nuestro favorito era el cricket. Jugábamos al cricket día y noche en la callejuela que había al lado de casa o en nuestra azotea, que era plana. Si no podíamos permitirnos una pelota de cricket de verdad, la hacíamos con un calcetín viejo relleno de desperdicios; y dibujábamos con tiza las metas en la pared. Como Atal era el más joven, le mandábamos a recoger la pelota cuando ésta se salía de la azotea; a veces, ya puesto, aprovechaba para llevarse la pelota de los vecinos. Regresaba con una sonrisa pícara y se encogía de hombros. «¿Qué tiene de malo? —decía—. Ellos se llevaron ayer la nuestra.»

Los chicos son así. La mayoría de ellos no son tan civilizados como las chicas. Por eso, cuando no estaba de humor para aguantar sus maneras inmaduras, me marchaba abajo y daba dos golpecitos en la pared que separaba nuestra casa de la de Safina. Ése era nuestro código. Ella respondía con otros dos golpecitos. Entonces retiraba un ladrillo y por el hueco que dejaba entre las dos casas podíamos susurrar. A veces, una de nosotras visitaba a la otra en su casa, y veíamos en la televisión nuestro programa favorito, *Shaka Laka Boom Boom*, sobre un chico que tenía un lápiz mágico. O trabajábamos en las pequeñas muñecas que estábamos haciendo con cerillas y restos de tela para una casita de muñecas de cartón.

Safina había sido mi compañera de juegos desde que yo tenía ocho años. Era un par de años más joven que yo, pero éramos muy buenas amigas. A veces nos copiábamos una a la otra, pero en una ocasión me pareció que Safina había ido demasiado lejos cuando desapareció mi posesión favorita: mi único juguete, un móvil de plástico rosa que mi padre me había regalado.

Aquella tarde, cuando fui a jugar con Safina, vi que tenía uno igual. Dijo que era suyo, que lo había comprado en el mercado. No la creí, y estaba demasiado enfadada para pensar con claridad. Así que, disimuladamente, le quité a ella unos pendientes. Al día siguiente, un collar. Ni siquiera me gustaban aquellas baratijas, pero no podía controlarme.

Unos días después, al llegar a casa, encontré a mi madre tan disgustada que no quería ni mirarme. Había encontrado los adornos robados en mi pequeño armario y los había devuelto.

«¡Safina me robó a mí primero!», grité.

Pero mi madre no se ablandó.

«Tú eres la mayor, Malala. Deberías haber dado ejemplo.»

Muerta de vergüenza, me fui a mi cuarto. Pero lo peor fue la larga espera hasta que mi padre llegara a casa. Él era mi héroe —valiente y honesto— y yo era su *jani*. Iba a ser una gran decepción para él.

Pero no me levantó la voz ni me regañó. Sabía que yo ya era tan dura conmigo misma que no tenía necesidad de reprenderme. Al contrario, me consoló hablándome de los errores que los grandes héroes habían cometido de pequeños. Héroes como Mahatma Gandhi, el gran pacifista, y Mohammad Ali Jinnah, el fundador de Pakistán. Se refirió a un proverbio de una historia que su padre solía contarle: «De niño, un niño es un niño, incluso si es un profeta».

Pensé en nuestro código *pashtunwali*, que gobierna la forma en que vivimos los pashtunes. Un elemento de ese código es el *badal* —la tradición de la venganza—, según el cual a un insulto hay que responder con otro; a una muerte, con otra, y así sucesivamente.

Yo había probado la venganza. Y era amarga. Juré entonces que nunca tomaría parte en el *badal*.

Pedí perdón a Safina y a sus padres. Esperaba que Safina también pidiera perdón y me devolviera mi teléfono. Pero no dijo nada. Y, aunque me resultó muy difícil mantener la promesa que acababa de hacer, no mencioné mis sospechas sobre el paradero de mi teléfono.

Safina y yo en seguida volvimos a ser amigas, y tanto nosotras como todos los niños del vecindario volvimos a nuestros juegos de correr y perseguirnos. En aquella época vivíamos en una parte de la ciudad que estaba alejada del centro. Detrás de nuestra casa había un campo en el que había diseminadas misteriosas ruinas —estatuas de leones, columnas rotas de una antigua estupa y cientos de enormes piedras que parecían sombrillas gigantes— donde, en verano, jugábamos al escondite, el *parpartuni*. En invierno, hacíamos muñecos de nieve hasta que nuestras madres nos llamaban para que nos tomáramos una taza de té caliente con leche y cardamomo.

\*

Desde que tengo memoria, nuestra casa siempre estaba llena de gente: vecinos, parientes y amigos de mi padre, así como la interminable afluencia de primos y primas. Venían de las montañas donde mis padres habían crecido o de algún pueblo próximo. Incluso cuando nos mudamos de la pequeña casa en que vivíamos al principio y empecé a tener «mi» habitación, casi nunca era mía del todo. Siempre había alguna prima durmiendo en el suelo. Eso era porque uno de los principios más importantes del código *pashtunwali* es la hospitalidad. Como pashtún, siempre tienes que abrir la puerta a un visitante.

Mi madre y las mujeres se reunían en el porche en la parte de atrás de la casa y cocinaban y reían y charlaban sobre ropa, joyas y otras mujeres del vecindario, mientras mi padre y los hombres se reunían en la habitación de invitados y bebían té y hablaban de política.

Muchas veces dejaba los juegos infantiles, pasaba de puntillas por los aposentos de las mujeres y entraba en la habitación de los hombres. Me parecía que era allí donde estaba ocurriendo algo interesante e importante. No sabía exactamente lo que era, y desde luego no entendía de política, pero me sentía atraída hacia el grave mundo de los hombres. Me sentaba a los pies de mi padre y no se me escapaba nada de la conversación. Me encantaba escuchar a los hombres discutir de política. Pero, sobre todo, me encantaba sentarme entre ellos, hipnotizada por aquella conversación de un mundo que estaba más allá de nuestro valle.

Al final, salía de la habitación y me quedaba un rato con las mujeres. Los suspiros y sonidos de su mundo eran muy distintos. Eran suspiros amables, confiados. Risas suaves, unas veces. Carcajadas fuertes, estrepitosas, otras. Pero lo más asombroso de todo: se habían quitado los pañuelos y los velos. Era una delicia ver sus largos y oscuros cabellos y sus hermosos rostros, maquillados con henna y pintalabios.

Había visto a esas mujeres casi todos los días de mi vida observar el código *purdah*, por el cual se cubren en público. Algunas, como mi madre, simplemente se ponían un velo que les tapaba la mayor parte del rostro: es el niqab. Pero otras llevaban burkas: largas túnicas negras que les cubrían la cabeza y la cara, de forma que la gente ni siquiera podía verles los ojos. Había quienes incluso llevaban guantes y calcetines negros para que no se les viera nada de piel. Había visto que las mujeres debían caminar unos pasos por detrás de sus maridos. Había visto que las mujeres estaban obligadas a bajar la vista cuando se cruzaban con un hombre. Y había visto cómo las niñas mayores con las que jugábamos desaparecían tras los velos en cuanto llegaban a la adolescencia.

Pero ver a aquellas mujeres charlando despreocupadamente, con las caras radiantes de libertad, era descubrir un nuevo mundo.

Nunca ayudé mucho en la cocina —tengo que reconocer que siempre que podía intentaba librarme de cortar las verduras o lavar los platos—, así que no me quedaba allí por mucho tiempo. Pero cuando me marchaba corriendo siempre me preguntaba cómo sería vivir oculta.

Vivir confinada bajo los velos me parecía tan injusto... y tan incómodo. Desde muy pequeña siempre decía a mis padres que, hicieran lo que hicieran las demás niñas, *yo* nunca me cubriría la cara así. Mi cara era mi identidad. Mi madre, que es muy devota y tradicional, estaba escandalizada. Nuestros parientes pensaban que era muy atrevida. (Algunos decían que insensata.) Pero mi padre decía que yo podía hacer lo que quisiera. «Malala será libre como un pájaro», decía a todos.

Así que me marchaba corriendo para volver con los niños. Especialmente en la época de las competiciones de cometas, cuando los niños trataban habilidosamente de ganar terreno a las cometas de los rivales y derribarlas. Era un juego emocionante, lleno de escapadas y caídas impredecibles. Era hermoso, pero también me parecía un poco triste, cuando veía aquellas bonitas cometas caer al suelo.

Quizá porque preveía que a mi futuro le cortarían las alas, igual que a aquellas cometas, simplemente porque era una niña. A pesar de lo que mi padre decía, yo sabía que cuando Safina y yo nos hiciéramos mayores, deberíamos cocinar y limpiar para nuestros hermanos. Podríamos ser médicos, porque hacían falta mujeres médicos que trataran a las pacientes. Pero no podríamos ser abogadas o ingenieras, ni diseñadoras de moda ni artistas, ni nada de todo lo que soñábamos. Y no podríamos salir de casa si no nos acompañaba un pariente varón.

Pero, incluso entonces, yo sabía que era la niña de los ojos de mi padre. Algo muy infrecuente para una niña pakistaní.

Cuando nace un niño en Pakistán, se celebra por todo lo alto. Se hacen disparos al aire. Se dejan regalos en la cuna del bebé. Y el nombre del niño se inscribe en el árbol genealógico. Pero cuando nace una niña, nadie visita a los padres, y las mujeres sólo muestran simpatía hacia la madre.

Mi padre no hizo caso de esas costumbres. He visto mi nombre —en brillante tinta azul— entre los nombres masculinos de nuestro árbol genealógico. El mío fue el primer nombre femenino en trescientos años.

Durante toda mi infancia me cantó una canción sobre mi célebre tocaya pashtún. «*Oh, Malala de Maiwand* —cantaba—. *Levántate una vez más para que los pashtunes comprendan la canción del honor. Tus poéticas palabras transforman mundos enteros. Te lo pido, levántate de nuevo.*» De pequeña no entendía qué significaba esto. Pero, al crecer, comprendí que Malalai era una heroína y un modelo, y quise saber algo sobre ella.

Cuando empecé a leer a la edad de cinco años, mi padre se jactaba ante sus amigos: «Fijaos en esta niña —decía—. ¡Está destinada a algo grande!»

Yo fingía avergonzarme, pero las palabras de elogio de mi padre siempre han sido lo más precioso del mundo para mí.

También era más afortunada que la mayoría de las niñas en otro sentido: mi padre dirigía una escuela. Era un lugar humilde en el que sólo había pizarras y tizas, y que estaba junto a un río maloliente. Pero, para mí, era un paraíso.

Mis padres me cuentan que, incluso antes de aprender a hablar, iba a gatas a las aulas vacías y hacía como si enseñara. Daba lecciones en mi parloteo infantil. A veces me sentaba con los niños mayores y escuchaba reverencialmente todo lo que se les enseñaba. Más adelante, estaba deseando ponerme el uniforme que veía que llevaban las niñas mayores cuando llegaban al colegio cada día: shalwar kamiz —una larga túnica de color azul oscuro y pantalones blancos anchos— con un pañuelo blanco.

Mi padre abrió la escuela tres años antes de que yo naciera y no sólo ejercía de maestro, contable y director, sino también de portero, recadero y mecánico jefe. Se subía a la escalera para cambiar las bombillas y bajaba al pozo cuando se estropeaba la bomba de agua. Yo me ponía a llorar cuando le veía desaparecer en aquel pozo, porque creía que no regresaría nunca. Aunque no lo entendía en aquella época, ahora sé que nunca había suficiente dinero. Después de pagar el alquiler y los sueldos, no quedaba mucho para comida, así que con frecuencia la cena era escasa. Pero la escuela había sido el sueño de mi padre y todos éramos felices haciéndolo realidad.

Cuando por fin llegó el momento en que empecé a ir a clase, estaba tan entusiasmada que apenas podía contenerme. Se podría decir que crecí en una escuela. La escuela era mi mundo y mi mundo era la escuela.

## 2

# *Sueños*

En primavera y en otoño, durante las fiestas del Gran Eid y del Pequeño Eid, visitábamos uno de mis lugares favoritos de la tierra: Shangla, la aldea de las montañas en la que se criaron mis padres. Cargados de regalos para nuestros parientes —velos bordados y cajas de dulces de pistacho y rosas, así como medicinas que no podían conseguir en la aldea—, nos dirigíamos a la estación de autobuses de Mingora y veíamos prácticamente a toda la ciudad congregada allí esperando al autocar.

Apilábamos sobre el techo del autocar nuestros regalos, junto con los sacos de harina y azúcar, las mantas y los baúles que llevaban otras familias. Entonces nos apretujábamos todos en el interior para el viaje de cuatro horas por carreteras serpenteantes y llenas de baches hasta las montañas. Durante el primer cuarto del viaje, la carretera consistía en una serie de zigzags que seguían el río Swat a un lado y bordeaba empinados precipicios al otro. A mis hermanos les encantaba señalar los restos de automóviles que habían caído por la ladera.

El autocar subía y subía, mientras el aire se volvía cada vez más fresco. Al final, no veíamos nada más que montaña tras montaña. Montaña, montaña, montaña, y apenas un retazo de cielo.

Gran parte de la población de Shangla era muy pobre y no tenían comodidades modernas como hospitales y mercados, pero nuestra familia siempre organizaba una gran fiesta cuando llegábamos. Una fiesta que era especialmente bienvenida en el Pequeño Eid, que marca el final del ayuno del Ramadán. Había cuencos de pollo y arroz, espinacas y cordero, grandes manzanas crujientes, pequeños bizcochos amarillos y grandes teteras de té dulce con leche.

Ya cuando sólo tenía siete u ocho años, me consideraban una sofisticada chica de ciudad y mis primos a veces se burlaban de mí porque no iba descalza y llevaba ropa comprada en el mercado, no hecha en casa como la de ellos. Hablaba con acento y expresiones de la ciudad, así que les parecía que era moderna. Si hubieran sabido... En las verdaderas ciudades como Peshawar o Islamabad *me* habrían considerado muy atrasada.

No obstante, cuando estaba en la aldea, vivía como una chica del campo. Por la mañana me levantaba con el canto del gallo o cuando oía el ruido de los cacharros en la cocina, mientras las mujeres preparaban el desayuno para los hombres. Entonces todos los niños salíamos disparados para recibir el día. Comíamos miel directamente de la colmena y ciruelas verdes con un poco de sal. Ninguno de nosotros tenía juguetes ni libros, así que jugábamos a la rayuela o al cricket en una hondonada.

Por la tarde, los chicos se iban a pescar mientras las niñas bajábamos al río a jugar a nuestro juego favorito: las bodas. Escogíamos a una novia y la preparábamos para la ceremonia. La adornábamos con brazaletes y collares, le maquillábamos la cara y le pintábamos las manos con henna. Una vez que estaba preparada para ser entregada al novio, hacía que lloraba y las demás le acariciábamos el pelo y le decíamos que no se preocupara. A veces nos caíamos de la risa.

Pero la vida de las mujeres en las montañas no era fácil. No había verdaderas tiendas, ni universidades, ni hospitales, ni doctoras, ni agua limpia ni electricidad. Muchos hombres se habían marchado a trabajar en la construcción de carreteras y en minas muy lejos de su región y enviaban dinero a casa cuando podían. A veces nunca regresaban.

Las mujeres de la aldea también tenían que ocultar su rostro siempre que salían de casa. Y no podían tener contacto ni hablar con hombres que no fueran parientes próximos. Ninguna de ellas sabía leer. Ni siquiera mi madre, que había crecido en la aldea, sabía leer. Es muy frecuente que las mujeres de mi país no sepan leer ni escribir, pero ver a mi madre, una mujer orgullosa e inteligente, luchando por leer los precios en el mercado creo que nos causaba a las dos una muda tristeza.

Muchas niñas de la aldea —incluidas la mayoría de mis primas— tampoco iban a la escuela. Algunos padres ni siquiera consideran a sus hijas miembros valiosos de sus familias, porque serán entregadas en matrimonio muy jóvenes y se irán a vivir con la familia del marido. «¿Para qué vamos a mandar a una hija a la escuela? Para llevar una casa no hace falta educarse», era un comentario frecuente de los hombres.

Yo nunca contestaba mal a mis padres: en mi cultura siempre hay que respetar a los mayores, incluso cuando están equivocados.

Pero cuando veía lo dura que era la vida de aquellas mujeres, me sentía confusa y triste. ¿Por qué se trata tan mal a las mujeres en nuestro país?

Se lo pregunté a mi padre, y me respondió que la vida era aún peor para las mujeres en Afganistán, donde un grupo llamado «Talibanes» se había apoderado del país. Habían quemado los colegios de niñas y todas las mujeres estaban obligadas a llevar una forma rigurosa de burka, un velo que cubre de la cabeza a los pies y que sólo deja una pequeña rejilla para los ojos. A las mujeres se les había prohibido reírse alto o pintarse las uñas, y se las encarcelaba o golpeaba por salir a la calle sin ir acompañadas de un miembro masculino de la familia.

Me daban escalofríos cuando me contaba esas cosas y daba gracias a Dios por vivir en Pakistán, donde una niña tenía la libertad de ir al colegio.

Aquélla fue la primera vez que oí hablar de los talibanes. Lo que no sabía era que no sólo estaban en Afganistán.

Había otro grupo en Pakistán, no lejos del cinturón tribal conocido como FATA. Algunos de ellos eran pashtunes, como nosotros, y no tardarían en ensombrecer mi alegre infancia.

Pero mi padre me dijo que no me preocupara: «Yo protegeré tu libertad, Malala. Sigue tus sueños».

## 3

## *Un lápiz mágico*

Cuando cumplí ocho años, mi padre tenía ya más de ochocientos alumnos y tres campus —un colegio de primaria y dos institutos, uno para chicas y otro para chicos—, por lo que nuestra familia al fin tuvo suficiente dinero para comprar un televisor. Por aquel entonces me obsesioné con conseguir un lápiz mágico. La idea me la dio *Shaka Laka Boom Boom*, el programa que Safina y yo veíamos después de la escuela. Era sobre un chico llamado Sanju que podía hacer real cualquier cosa dibujándola. Si tenía hambre, dibujaba un cuenco de curry, y aparecía. Si estaba en peligro, dibujaba un policía. Era un pequeño héroe que siempre protegía a quienes estaban en peligro.

Por la noche, rezaba: *Dios, concédeme el lápiz de Sanju. No se lo diré a nadie. Simplemente déjamelo en mi armario. Lo usaré para hacer felices a todos.* En cuanto acababa de rezar, iba a mirar en el cajón. Pero el lápiz nunca estaba allí.

Una tarde que los chicos no estaban en casa mi madre me pidió que tirara unas mondas de patatas y cáscaras de huevos. Mi dirigí al vertedero, que estaba más o menos a un bloque de distancia, y arrugué la nariz mientras me acercaba, apartando las moscas y cuidando de no pisar nada con mis bonitos zapatos. Si hubiera tenido el lápiz mágico de Sanju, lo habría borrado todo: el olor, las ratas y la montaña de restos de comida pudriéndose. Al tirar nuestros desperdicios, vi que algo se movía. Pegué un salto.

Era una niña de mi edad. Tenía el pelo enmarañado y la piel cubierta de llagas. Estaba clasificando la basura en montones, uno para envases, otro para botellas. Cerca había dos niños buscando metales con imanes sujetos con cuerdas. Quería hablar con ellos pero me dio miedo.

Más tarde, cuando mi padre volvió a casa, le hablé de aquellos niños y le arrastré para que los viera. Se dirigió a ellos amablemente, pero los niños huyeron. Le pregunté por qué no iban a la escuela. Me dijo que aquellos niños estaban manteniendo a sus familias, vendiendo lo que encontraban por unas rupias; si iban a la escuela, sus familias pasarían hambre. Cuando volvíamos a casa vi que se le saltaban las lágrimas.

Creo que hay algo bueno por cada maldad, que cada vez que aparece una persona mala, Dios envía a una buena. Así que decidí que había llegado el momento de hablar a Dios de ese problema. Escribí una carta: *Querido Dios, ¿sabes que hay niños que se ven obligados a trabajar en el montón de basura?*

Me detuve. ¡Por supuesto que lo sabía! Entonces me di cuenta de que su voluntad era que *yo* los hubiera visto. Me estaba mostrando cómo podría ser mi vida si no tenía la posibilidad de ir al colegio.

Hasta entonces había creía que un lápiz mágico podía cambiar el mundo. Ahora sabía que *yo* tenía que hacer algo. Sólo que no sabía el qué. Pero pedí a Dios que me concediera *fuerza y valor para hacer del mundo un lugar mejor.* Firmé la carta, hice un rollo con ella, la até a un trozo de madera, puse un diente de león encima y la eché a un río que desemboca en el Swat. Seguramente Dios la encontraría allí.

Lo mismo que yo quería ayudar a los niños del basurero, mi madre quería ayudar a todo el mundo. Había empezado a poner cortezas de pan en un cuenco en el alféizar de la ventana de la cocina. Al lado había una cazuela de arroz con pollo. El pan era para los pájaros; la comida, para una familia pobre del vecindario.

En una ocasión le pregunté por qué regalaba comida. «Nosotros sabemos lo que es tener hambre, *pisho* —dijo—. Nunca debemos olvidar compartir lo que tenemos.»

Así que compartíamos *todo* lo que teníamos. Incluso compartíamos nuestra casa con una familia de siete miembros que estaba pasando dificultades. Se suponía que pagaban un alquiler a mi padre, pero lo más frecuente era que él acabara prestándoles dinero. Y aunque la escuela en realidad no daba muchos beneficios, él admitía a más de cien alumnos pobres sin cobrar. Desearía haber podido donar más plazas. Por su parte, mi madre empezó a dar el desayuno a varias niñas en nuestra casa todos los días. Decía: «¿Cómo van a aprender con el estómago vacío?».

Un día me di cuenta de que varios de nuestros antiguos alumnos no habían vuelto a la escuela. Pregunté por ellos a mi padre. «¡Oh, *jani* —me dijo—, algunos de los padres más acomodados sacaron a sus hijos del colegio cuando descubrieron que estaban compartiendo la clase con los hijos de las personas que les limpian la casa o les remiendan la ropa».

Yo era pequeña, pero lo bastante mayor como para darme cuenta de que aquello no estaba bien y para comprender que, si se marchaban demasiados alumnos de los que pagaban, eso se traduciría en malos tiempos para la escuela y para nuestra familia. Lo que no sabía es que acechaba una amenaza mayor... no sólo para nuestra familia y la escuela sino para todo Pakistán.

# 4

## *Una advertencia de Dios*

Un día de otoño, cuando todavía estaba en la escuela primaria, los pupitres comenzaron a temblar y a tambalearse. «¡Terremoto!», gritamos. Corrimos afuera y algunas de nosotras nos caímos cuando nos apiñamos en la estrecha puerta. Nos congregamos alrededor de nuestras maestras buscando seguridad y consuelo, como polluelos alrededor de su madre gallina. Algunas niñas lloraban.

Vivíamos en una región en la que se producían terremotos con frecuencia, pero éste parecía distinto. Incluso cuando volvimos a clase, los edificios seguían temblando y aquel ruido sordo no se detenía. La señorita Ulfat, mi maestra preferida, nos dijo que nos tranquilizáramos. Nos aseguró que se pasaría enseguida. Pero cuando a los pocos minutos del primero se produjo otro fuerte terremoto, nos enviaron a casa a todos.

Al llegar a casa encontré a mi madre sentada en el patio (donde se sentía más segura porque no había un tejado sobre su cabeza). Estaba recitando versículos del Corán mientras las lágrimas corrían por sus mejillas. Las réplicas continuaron hasta entrada la noche y, cada vez, mi madre corría afuera e insistía en que saliéramos con ella. Mi padre le dijo que no asustara a los niños, pero ¡nosotros ya estábamos asustados porque el suelo estaba temblando!

Aquel terremoto del 8 de octubre de 2005 fue uno de los peores de la historia. Alcanzó 7,6 grados en la escala Richter y se sintió hasta en Kabul y en Delhi. Las réplicas continuaron durante más de un mes. Mingora, nuestra ciudad, no fue de las más afectadas, pero las zonas del norte de Pakistán, incluida nuestra querida Shangla, quedaron devastadas.

Cuando por fin tuvimos noticias de nuestros allegados y amigos de Shangla, nos dijeron que habían creído que era el fin del mundo. Describieron el rugido de las rocas al caer por las laderas y cómo todos habían salido corriendo de sus casas recitando el Corán, los gritos cuando se desplomaban los tejados y los berridos de los búfalos y las cabras. Estaban aterrorizados; y cuando la destrucción acabó, esperaron que les llegara ayuda.

El gobierno tardó en llegar, pero de inmediato se presentaron voluntarios de un grupo religioso conservador llamado Tehrik-e-Nifaz-e-Sharia-e-Mohammadi (TNSM), Movimiento para la Aplicación de la Ley Islámica, dirigido por Sufi Mohammad y su cuñado, el maulana Fazlullah.

Al final, el gobierno intentó hacer algo, y llegó ayuda de los estadounidenses (que tenían cerca tropas y helicópteros en Afganistán). Pero la mayoría de los voluntarios y la ayuda médica eran de organizaciones que estaban vinculadas a grupos militantes como el TNSM. Ayudaron a desescombrar y a reconstruir aldeas. Dirigieron las oraciones y enterraron los cadáveres. Recogieron a muchos de los once mil niños huérfanos. En nuestra cultura los huérfanos normalmente son adoptados por la familia extensa, pero el terremoto fue tan terrible que muchas familias habían perecido o lo habían perdido todo, por lo que no podían hacerse cargo de más niños. Muchos de los huérfanos fueron llevados a vivir a madrasas fundamentalistas.

Los mulás del TNSM predicaban que el terremoto había sido una advertencia de Dios. Si no nos corregíamos e instaurábamos la sharía o ley islámica, se nos infligirían castigos más severos.

Después del terremoto todo el país permaneció largo tiempo conmocionado. Éramos vulnerables. Esto hizo mucho más fácil que alguien con malas intenciones usara el miedo de la gente en beneficio propio.

# 5

## *La primera amenaza directa*

Cada mañana, cuando mis amigas entraban en el colegio, al otro lado de la calle había un hombre que nos miraba indignado. Una noche se presentó en nuestra casa con seis ancianos de la comunidad. Yo abrí la puerta. Afirmó ser un muftí, una autoridad en la ley islámica, y dijo que tenía un problema con la escuela. Mi padre me mandó inmediatamente a la otra habitación cuando el muftí y los ancianos abarrotaron nuestra pequeña casa, pero yo pude oír todo lo que dijeron.

«Represento a los buenos musulmanes —dijo el muftí—, y todos pensamos que su escuela de niñas es una blasfemia. Tiene que cerrarla. Las niñas no deben ir a la escuela. Deben observar el *purdah*.» El muftí estaba claramente influido por un maulana que había abierto una emisora de radio ilegal por la que transmitía sermones y vituperaba a la gente que le parecía «antiislámica».

Lo que nosotros sabíamos, pero el muftí no, era que su propia sobrina iba a la escuela de mi padre en secreto.

Mientras mi padre debatía con el muftí, habló uno de los ancianos. «Había oído que usted no era un hombre piadoso —dijo a mi padre—. Pero veo que hay Coranes en su casa.»

«Por supuesto que los hay —repuso mi padre—. Soy musulmán.»

El muftí volvió a intervenir en la conversación, quejándose de que las niñas entraban a la escuela por la misma puerta que los hombres. Así que mi padre les propuso un compromiso: las niñas mayores entrarían por una puerta distinta.

Al final, el muftí tuvo que ceder y los hombres se marcharon. Pero incluso cuando la puerta ya estaba cerrada, yo sentía un nudo en el estómago. Desde pequeña había visto a los obstinados y orgullosos pashtunes. Cuando un pashtún pierde una discusión, nunca olvida realmente. Ni perdona.

Aunque era una niña, sabía que aquel hombre estaba equivocado. Yo había estudiado el Corán, nuestro libro sagrado, desde que tenía cinco años, y mis padres me enviaban a una madrasa de estudios religiosos por la tarde, después de las clases. Era una mezquita al aire libre, donde niños y niñas estudiaban juntos el Corán. Me encantaba aprender el alfabeto árabe. Me encantaba la forma extraña y misteriosa de las letras, los sonidos y las plegarias que recitábamos todos juntos, y las historias sobre cómo vivir la vida de acuerdo con las enseñanzas de Alá.

Nos enseñaba una mujer. Era bondadosa y sabia. Para mí, la madrasa era un lugar exclusivamente para la educación religiosa; para aprender todo lo demás iba al Colegio Khus-hal. Pero para muchos de aquellos niños, la madrasa sería el único lugar en el que estudiarían. No aprenderían ciencias, ni matemáticas, ni literatura. Sólo estudiarían árabe para poder recitar el Corán. No aprendían el significado de las palabras, sino sólo a decirlas.

No presté mucha atención a esta diferencia hasta más tarde, después de la visita del muftí a nuestra casa. Un día estaba jugando en la callejuela con los niños del vecindario, y cuando se estaban eligiendo los equipos para jugar al cricket, uno de los chicos dijo que no me quería en el suyo.

«Nuestra escuela es mejor que la vuestra», dijo, como si eso lo explicara todo.

Yo no estaba de acuerdo en absoluto. «Mi escuela es la mejor», dije.

«Tu escuela es mala —insistió—. No está en el camino correcto del islam.»

Yo no sabía cómo interpretar eso, pero tenía la certeza de que estaba equivocado. Mi escuela era un paraíso.

Porque dentro del Colegio Khushal volábamos con las alas del conocimiento. En un país en el que a las mujeres no se les permite salir de casa sin un hombre, las niñas viajábamos sin restricciones por las páginas de nuestros libros. En un país en el que muchas mujeres no saben leer los precios en el mercado, hacíamos multiplicaciones. En un lugar en el que, en cuanto entrábamos en la adolescencia, nos teníamos que cubrir la cabeza y ocultarnos de los muchachos que habían sido nuestros compañeros de juegos en la infancia, corríamos tan libres como el viento.

No sabíamos adónde nos llevaría nuestra educación. Todo lo que queríamos era la oportunidad de aprender en paz. Y eso es lo que hacíamos. Fuera de los muros del Colegio Khushal podía seguir aquel mundo enloquecido. Dentro, teníamos la posibilidad de ser quienes éramos.

En cuanto soltábamos nuestras mochilas en el aula, nuestras únicas preocupaciones eran las mismas que las de cualquier niño en el colegio: ¿Quién va a conseguir la mejor nota en la prueba de hoy, y quién va a ir con quién en el recreo?

En la escuela primaria me enorgullecía de ganar casi cada año el premio a la primera de la clase. Se me consideraba una de las mejores alumnas, y como era la hija del director, algunas niñas pensaban que quizá había alguna relación entre esos dos hechos. Pero mi padre se preciaba de no darme un trato especial. Y la prueba de ello fue evidente para todos cuando llegó una nueva al colegio el curso en que yo tenía nueve años.

Su nombre era Malka-e-Noor, y era brillante y decidida, pero a mí no me parecía que fuera tan inteligente como yo. Así que, aquel año, el último día de colegio, cuando se anunciaron los premios, me quedé petrificada. Ella había conseguido el primer puesto y yo era la segunda.

Mientras le entregaban el premio, sonreí educadamente, pero en cuanto llegué a casa estallé en llanto. Cuando mi padre me vio, me consoló, pero no de la manera que yo quería. «Es bueno que hayas sido la segunda —me dijo—,

49

porque así aprendes que si puedes ganar, puedes perder. Y hay que aprender a ser un buen perdedor, no sólo un buen ganador.»

Yo era demasiado joven —y demasiado obstinada— para apreciar sus palabras. (Y, la verdad sea dicha, sigo prefiriendo ser la primera.) Pero después de aquel curso, me esforcé más aún para no tener que volver a aprender esa lección.

Otra de mis preocupaciones cotidianas era si Moniba estaba enfadada conmigo. Era mi mejor amiga, estudiosa, como yo, y casi parecíamos gemelas. Nos sentábamos juntas siempre que podíamos —en el autobús, en los recreos, en el aula— y nadie me hacía reír como ella. Pero nos peleábamos con frecuencia, y siempre por lo mismo: cuando otra niña se interponía entre nosotras.

«¿Eres mi amiga o de ella?», me decía Moniba si me sentaba con otra niña en el recreo.

Yo le respondía: «Moniba, ¡eras tú la que me no me hacías caso!».

Lo peor era cuando Moniba dejaba de hablarme. ¡Entonces yo me enfadaba con ella por haberse enfadado conmigo! Algunas veces estos piques duraban varios días. Al final, la echaba tanto de menos que me disculpaba. (¡Parecía que siempre tenía que disculparme yo!) Entonces ella hacía una mueca y nos partíamos de risa y nos olvidábamos de nuestras diferencias. Hasta la siguiente vez que llegaba otra niña.

¿Cómo podía ser malo un lugar en el que aprendía tanto y me reía tanto?

# PARTE SEGUNDA
## *Una sombra sobre nuestro valle*

6

# El Mulá de la Radio

Una tarde me encontraba en casa de uno de mis parientes en Mingora cuando oí un extraño sollozo que venía de la radio.

Después de un largo día cocinando, las mujeres se habían reunido en torno a la radio mientras limpiaban. Como siempre, yo estaba intentado librarme de fregar los platos, pero me detuve al escuchar aquel llanto insólito.

Al principio sonaba como otro imán que estuviera dando consejos sobre cómo llevar una vida virtuosa. Dejad de fumar, decía a los hombres. Y rezad todos los días. Las mujeres, entre ellas mi madre, expresaban su aprobación en murmullos.

Entonces empezó a sollozar. *Dejad de oír música*, suplicó. *Dejad de ir al cine. Dejad de bailar. Dejad todo esto o Dios enviará otro terremoto para castigarnos a todos.* Algunas de las mujeres se pusieron a llorar. Tenían recientes en la memoria recuerdos terribles del terremoto del año anterior; algunas de ellas habían enterrado a sus hijos y a sus maridos y seguían afligidas.

Yo sabía que lo que este Mulá de la Radio decía no era cierto. Quería contarles que un terremoto es un fenómeno geológico que puede ser explicado por la ciencia. Pero aquellas mujeres, muchas de las cuales no tenían formación alguna y habían sido educadas para seguir los dictados de sus guías religiosos, estaban asustadas. Cuando el Mulá de la Radio sollozaba, ellas hacían lo propio.

Incluso en el colegio, el Mulá de la Radio se había convertido en el único tema de conversación de mis amigas, aunque mi padre nos recomendaba que no lo escucháramos. Nuestra vieja radio estaba rota, así que yo no había oído sus últimas transmisiones, pero las oía en las casas de amigos y parientes, y mis amigas del colegio repetían sus sermones nocturnos casi palabra por palabra. Decía que toda la música era *haram*, que estaba prohibida por el islam. Sólo estaba permitida su emisora. Los hombres debían dejarse crecer el pelo y la barba, no seguir la moda «innovadora», como él decía, de llevarlos cortos. Y las mujeres, afirmaba, debían permanecer en casa, en aposentos *purdah* en todo momento: sólo debían salir en las emergencias, y únicamente llevando una burka y acompañadas de un pariente varón.

Al principio, a mi madre le habían gustado sus sermones cuando los escuchaba con nuestros allegados, especialmente cuando hablaba de la necesidad de la oración diaria. La gente, especialmente las mujeres, le idealizaron. Pensaban que era un buen intérprete del Corán y admiraban su carisma. Les parecía bien lo que decía sobre volver a implantar la ley islámica porque todo el mundo estaba decepcionado con el lento y corrupto sistema judicial pakistaní. Sus seguidores recitaban poemas que parecían hermosos pero que en realidad no eran más que mensajes para motivar a las niñas a que dejaran de ir al colegio.

Mi padre se opuso a él desde el principio.

«Ningún Mulá de la Radio va a decirme lo que tengo que hacer. Este mulá dice tonterías y va a traer problemas», declaró.

«No hables así. Dios se enfadará contigo», le dijo mi madre.

Resultó que mi padre tenía razón.

Había hecho algunas averiguaciones sobre el hombre que estaba detrás de la misteriosa voz de la radio. «¡Ese "mulá" no ha logrado terminar la educación secundaria! ¡Ni siquiera tiene acreditación religiosa! Ese presunto mulá está sembrando la ignorancia.»

La voz de la radio pertenecía al maulana Fazlullah, uno de los líderes del TNSM. Sus seguidores habían ayudado a muchas personas después del terremoto, pero también se estaba aprovechando del trauma para infundirles miedo.

Pronto los ataques de Fazlullah se hicieron personales. Anunciaba los nombres de hombres que habían hablado en contra de él. Personas que conocíamos. Personas que no conocíamos. Personas que hablaban públicamente por la paz en el valle, pero también personas que creían que estaban manteniendo conversaciones privadas. De repente a todos se les tachaba —públicamente— de pecadores. Era como si el Mulá de la Radio y sus hombres pudieran ver a través de las paredes.

*

Como me estaba haciendo mayor, ya no me resultaba tan fácil sentarme para escuchar las discusiones de los hombres y pasar inadvertida. Así que me ofrecía a servirles el té... aunque sólo fuera para oír de lo que hablaban.

En aquellos días había dos temas de conversación: el Mulá de la Radio y la lucha al otro lado de la frontera, en Afganistán. Yo tenía cuatro años cuando ocurrió el atentado del 11-S, pero había crecido oyendo el nombre de Osama bin Laden. En nuestro país todo el mundo ha oído hablar del 11-S y de Osama bin Laden. Se decía que había planeado el atentado no muy lejos, en Afganistán, y durante los últimos años Estados Unidos y sus aliados habían estado librando una guerra para encontrarle, y para derrotar a Al-Qaeda y al gobierno talibán de Afganistán, que le protegía.

Los talibanes. En cuanto escuchaba esa palabra, aguzaba el oído. Recordaba la conversación que había tenido con mi padre cuando estábamos en Shangla. Los talibanes me habían parecido entonces algo muy lejano, algo malo en un lugar distante. Muchos de los amigos de mi padre creían que a pesar de lo popular que se estaba haciendo Fazlullah y de su relación con los talibanes de Pakistán, aún no había motivos para preocuparse, pero él les advirtió que algún día los talibanes llegarían a nuestro valle. «Ya están en el cinturón tribal, y se están acercando —dijo, y citó el proverbio—: Los acontecimientos futuros proyectan su sombra por delante.»

Al principio, Fazlullah se había movido con precaución, pero en los dos años que siguieron al terremoto, verdaderamente proyectó una gran sombra. Yo estaba creciendo y por primera vez se me ocurrió que nuestro mundo estaba cambiando ante mis ojos, y no para mejor.

Cuando me iba a la cama cada noche, tenía una conversación con Dios. *Por favor, Dios, dime qué puedo hacer. Soy una niña, pero quizá tengas alguna pequeña misión para mí.*

Un día me desperté con un plan. Ignoraría todos aquellos chismorreos sobre Fazlullah cuando fuera al colegio. Mis amigas y yo hablaríamos sobre Bella y Edward o sobre Fruity, de la serie india *Son Pari;* si esos temas no estaban permitidos por el momento, podíamos hablar de cricket o de los incordiantes hermanos pequeños, o sobre cientos de cosas más.

Pero cuando llegué al colegio, mis amigas estaban todas apiñadas hablando del último sermón. La noche anterior, Fazlullah había anunciado que los colegios de niñas eran *haram.* Acababa de decretar que nuestro pacífico refugio estaba prohibido por el Corán.

Por aquel entonces aún no era más que una voz en la radio. Lo que no sabíamos era que, en los días venideros, iba a ir mucho más lejos en su campaña contra los colegios de niñas.

# 7

## *Los talibanes en Swat*

El Mulá de la Radio continuó con su campaña contra todo lo que consideraba antiislámico y occidental. La gente escuchaba sus emisiones regularmente, en muchos casos para enterarse de los nombres que anunciaba y asegurarse de que el suyo no estaba en la lista. En sus emisiones ilegales animaba a los padres a que se negaran a vacunar a sus hijos contra la poliomielitis. Afirmaba que el objetivo de esta ayuda médica no era la protección, sino que se trataba de un complot de los países occidentales para dañar a los niños musulmanes.

Pero no sólo obstaculizaba la atención sanitaria y censuraba las escuelas de niñas... también amenazaba a los barberos que ofrecieran los llamados cortes de pelo occidentales y destruía las tiendas de música. Convenció a la gente de que donara sus joyas y su dinero, y utilizaba esos fondos para fabricar bombas y entrenar a militantes.

Habíamos visto a los seguidores de Fazlullah, con sus barbas y pelo largo, ataviados con turbantes negros y shalwar kamiz blanco, en pequeñas localidades cuando íbamos a visitar a nuestra familia en las montañas. Sus hombres portaban armas y caminaban con aire amenazador por las calles. Pero aunque no los hubiéramos visto en la propia Mingora, sentíamos su presencia. Era como si hablara desde los cielos, proyectando una oscura nube de temor sobre nuestro valle.

La policía intentó detenerle, pero su movimiento cada vez era más fuerte. En mayo de 2007 firmó un acuerdo de paz con el gobierno en virtud del cual cesaría su campaña contra la educación de las niñas y la vacunación contra la poliomielitis, y dejaría de atacar instalaciones del gobierno a cambio de que se le permitiera continuar con sus emisiones.

En julio, todo cambió.

Más o menos por la fecha de mi décimo cumpleaños, el ejército pakistaní asedió una madrasa de mujeres en Islamabad, la capital de nuestro país. Un grupo de militantes que había mantenido una postura activa contra el gobierno se había refugiado con rehenes en el interior de la madrasa de Lal Masjid, o la Mezquita Roja. Tras el ataque del gobierno, que duró cuatro días y terminó con muchas muertes, Fazlullah hizo una de sus declaraciones más estrambóticas: declaró la guerra al gobierno y llamó a la gente a sublevarse violentamente. El tratado de paz que había firmado no era más que un recuerdo.

Pero el gobierno le ignoró, como a una mosca molesta. Y también nos ignoró a nosotros, los habitantes de Swat, que nos encontrábamos bajo su férula. Estábamos indignados con nuestro gobierno e indignados con aquellos terroristas por intentar destrozar nuestra forma de vida, pero mi padre dijo que lo mejor que podía hacer nuestra familia era ignorarlos a su vez.

«Debemos vivir una vida plena, aunque sólo sea en nuestros corazones», dijo. Así que, como de costumbre, nuestras conversaciones familiares durante la cena giraban en torno a cuestiones intelectuales: Einstein y Newton, poetas y filósofos. Y, como de costumbre, mis hermanos y yo nos peleábamos por el mando a distancia, quién tenía las mejores notas o cualquier otra cosa. De alguna manera, yo podía ignorar a los talibanes, pero no podía ignorar a aquellos dos molestos personajes. ¡Pelear con tus hermanos también forma parte de una vida plena!, le dije a mi padre.

Fazlullah no tardó en unir sus fuerzas con las de Tehrik-i-Taliban-Pakistan (TTP), los Talibanes de Pakistán, y anunció que se prohibía la presencia de mujeres en los espacios públicos. Los varones de cada familia debían hacer cumplir esta orden y «mantener un control riguroso sobre sus familias o también serán castigados».

Al cabo de seis meses las calles ofrecían un aspecto extrañamente vacío sin mujeres, pues tenían miedo de salir a hacer la compra. Las tiendas de dvd que vendían películas infantiles y de Bollywood echaron el cierre. Fazlullah afirmaba que ver películas y programas de televisión era pecado porque significaba que las mujeres verían a hombres y los hombres a mujeres, lo que estaba prohibido.

La gente, amenazada por sus seguidores, estaba aterrorizada. Algunas personas llevaron sus aparatos de televisión, dvd y cd a la plaza, donde los hombres del Mulá de la Radio les prendieron fuego. Se difundieron historias de que patrullaban las calles en camiones, proclamando las órdenes del Mulá con megáfonos. También se decía que sus seguidores escuchaban detrás de las puertas; si oían un televisor, echaban abajo la puerta y lo destrozaban.

Después del colegio, mis hermanos y yo nos acurrucábamos delante de nuestro querido televisor, con el volumen en un susurro. Nos encantaban nuestros programas y no comprendíamos cómo luchadores de cómicos nombres y un niño con un lápiz mágico podían ser tan malos. Pero cada vez que alguien golpeaba la puerta, nos sobresaltábamos. Cuando nuestro padre llegaba por la noche, le preguntaba: «*Aba*, ¿vamos a tener que quemar nuestro televisor?».

Al final, metimos nuestro televisor en un armario. Al menos, si se presentaban extraños, no la verían desde la entrada.

¿Cómo habían llegado las cosas a esto? ¿Cómo se convirtió un fanático ignorante en una especie de divinidad radiofónica? ¿Y por qué no había nadie dispuesto a desafiarle?

*

Durante todo este tiempo, el Colegio Khushal mantuvo su actividad normal. Algunas alumnas dejaron de ir a clase, pero el resto de nosotras valoramos nuestra formación más aún. En nuestra clase incluso se organizó un debate: El gobierno quizá no estuviera actuando como debería, pero ¿sería posible que nuestra clase funcionara un poco más como una democracia? Se nos ocurrió lo siguiente: como la mayoría de las niñas estudiosas siempre se sentaban en las primeras filas, cambiaríamos de sitio cada semana. Si una semana estabas en la primera fila, en la siguiente, estarías al final. Era como un juego, pero ésa era nuestra modesta forma de decir que todas las niñas —que todas las personas— éramos iguales.

Pero fuera de las paredes de nuestra escuela, Mingora se había convertido en una prisión.

A la entrada del mercado se colgaron carteles que ponían PROHIBIDO EL PASO A LAS MUJERES. Cerraron todas las tiendas de música y de electrónica. Fazlullah incluso prohibió un antiguo juego infantil, el Carrom, en el que movías las fichas a capirotazos en un tablero de madera.

En su programa de radio empezó a hacer públicos nombres de alumnas. «La señorita tal ha dejado la escuela e irá al paraíso —decía. O—: La señorita tal ya no va al colegio y yo felicito a sus padres.» Mi madre ahora insistía en que nunca fuera a la escuela sola, por temor a que los talibanes me vieran con el uniforme.

Cada día venían menos compañeras nuestras. Y cada noche, en su programa, Fazlullah seguía con sus ataques, diciendo que las niñas que iban a la escuela no eran buenas musulmanas, que se condenarían.

Un día, uno de nuestros maestros fue a ver a mi padre y le dijo que no quería seguir enseñando a niñas. Otro dijo que se marchaba para ayudar a Fazlullah a construir un centro religioso. Fue un día sombrío. El Colegio Khushal, que siempre había sido nuestro refugio, había caído bajo la sombra del Mulá de la Radio.

Fazlullah había creado un tribunal público para hacer cumplir sus edictos, y sus hombres azotaban o asesinaban a policías, funcionarios del gobierno y otros hombres y mujeres que les desobedecían. Se reunían cientos de personas para presenciar las flagelaciones gritando «¡Allahu Akbar!», «Dios es grande», con cada latigazo. Según se decía, Fazlullah se presentaba allí a veces montado en un caballo negro.

Gran parte de la «justicia» de Fazlullah se impartía por la noche. Con el tiempo, en su reino del terror, los «infractores» eran arrastrados fuera de sus casas y asesinados; sus cuerpos se exhibían en la Plaza Verde a la mañana siguiente. Con frecuencia les prendían una nota: *Esto es lo que les ocurre a los espías y los infieles.*

O *No toquéis este cuerpo hasta las once o seréis los siguientes.* Antes de que pasara mucho tiempo la gente había puesto un nuevo nombre a la Plaza Verde: empezaron a llamarla la Plaza Sangrienta.

A mí me daban escalofríos cuando oía estas historias. ¿Qué iba a ser de mi ciudad? ¿Qué iba a ser de nosotros?

*Dios* —decía cuando me acostaba—, *ya sé que estás ocupado con muchas, muchas cosas en todo el mundo, pero ¿ves lo que está ocurriendo en Swat?*

*

Una noche oí a mis padres hablar en voz baja. «Tienes que hacerlo. El miedo no soluciona nada», decía mi madre.

«No iré sin tu bendición», respondió mi padre.

«Que Dios te proteja, porque vas a decir la verdad», dijo mi madre.

Salí de mi escondite y pregunté qué estaba ocurriendo. Mi padre dijo que esa noche iba a asistir a una reunión para hablar en contra de los talibanes. Y después iría a Islamabad a censurar al gobierno por no proteger a sus ciudadanos. Mi padre, un simple director de colegio, se iba a enfrentar a las dos fuerzas más poderosas y peligrosas del país. Y mi madre estaba a su lado apoyándole.

La mayoría de las mujeres pashtún llorarían, suplicarían y se aferrarían a las mangas de sus esposos. Pero la mayoría de los hombres pashtún ignorarían a sus mujeres. Ni siquiera las habrían consultado. Pero mis padres eran distintos de todos los demás. Mi padre es como un halcón, el que se atreve a volar donde los demás no se aproximan. Y mi madre es la que tiene los pies firmemente en el suelo.

Por mi parte, asumí la tarea de cerrar la puerta de casa con cerrojo cada noche que mi padre estaba fuera. Daba una, dos y, muchas veces, tres vueltas alrededor de la casa para asegurarme de que todas las puertas y ventanas estaban bien cerradas. Mi padre a veces regresaba muy tarde. En ocasiones no volvía. Empezó a dormir en casas de sus amigos por si le seguían. De esta forma nos protegía, pero no podía impedir que nos preocupáramos. Aquellas noches yo oía a mi madre rezar hasta muy tarde.

*

Un día fui con mi madre y mis hermanos a Shangla. No teníamos coche y uno de nuestros primos se ofreció a llevarnos. Como el tráfico avanzaba muy lentamente, puso una cinta para pasar el tiempo. De repente, sacó la cinta y recogió a toda prisa las que llevaba en la guantera. «Rápido, escóndelas en tu bolso», dijo a mi madre.

Dos hombres se aproximaron al coche. Llevaban turbantes negros y chalecos de camuflaje sobre el shalwar kamiz. Tenían barbas y pelo largo y portaban kalashnikovs. Me encontraba cara a cara ante los talibanes.

Estaban registrando los coches en busca de cualquier cosa que, de acuerdo con su criterio, estuviera prohibida por el islam. Ninguno de nosotros dijo una palabra, pero yo veía cómo las manos de mi madre temblaban mientras sujetaba su bolso, donde estaban escondidos los objetos *haram*. Se fijó bien el velo sobre la cara y bajó los ojos, con la vista puesta en su regazo.

Un talibán se apoyó en la ventanilla trasera. Me taladró con la mirada. «Hermanas, deberíais llevar burka. Traéis la vergüenza.»

Ahí estaba un talibán, con una ametralladora a unos centímetros de mi cara. ¿En qué estaba yo trayendo la vergüenza?, habría querido preguntarle. Era una niña de diez años. Una niña a la que le gustaba jugar al escondite y estudiar ciencias. Estaba indignada, pero sabía que no tenía sentido intentar razonar con él. Sabía que debería haber tenido miedo, pero sólo sentía frustración.

\*

Cuando regresamos a casa de esa visita a Shangla, encontramos una carta dirigida a mi padre pegada en la verja del colegio.

*Señor, la escuela que dirige es occidental e infiel* —decía—. *Entre sus alumnos hay niñas, y su uniforme es antiislámico. Ponga fin a esto o tendrá problemas y sus hijos llorarán y se lamentarán por usted.*

La firmaban *Fedayines del islam*, devotos del islam.

Los talibanes habían amenazado a mi padre. Ahora tenía miedo.

## 8

## *Nadie está a salvo*

$M$i padre respondió a los talibanes al día siguiente con una carta en el periódico.

*Por favor, no hagáis daño a mis alumnos porque el Dios en el que creéis es el mismo Dios al que ellos rezan cada día. Podéis tomar mi vida, pero no matéis a mis alumnos.*

Su carta se publicó en el periódico, junto con su nombre completo y la dirección de nuestro colegio, aunque mi padre sólo había firmado con su nombre.

El teléfono empezó a sonar aquella noche. Los amigos llamaron para agradecer a mi padre que hubiera dado la cara. «Has echado la primera piedra al agua estancada —dijo uno de ellos—. Ahora muchos tendrán valor para hablar.»

Pero no hubo mucha gente que lo hiciera.

Mi padre siempre había sido un hombre ocupado. Participaba en *mushaira*, conciertos de poesía; se quedaba trabajando hasta tarde en el colegio; ayudaba a los vecinos a arreglar sus disputas. Pero ahora, cuando salía de casa, me sentía como cuando tenía tres años y mi padre bajaba por la escalera del colegio para arreglar la bomba del pozo. Cada noche me preguntaba si regresaría.

Cuando llegó aquella carta, mi padre tomó una decisión: los niños del Colegio Khushal ya no llevarían uniforme de camisa y pantalones. Estas prendas, supuestamente «occidentales», les marcaban como infieles a los ojos de los seguidores de Fazlullah, así que, por su seguridad, cambió su uniforme por la túnica y pantalón tradicionales del shalwar kamiz. Yo seguía llevando mi shalwar kamiz azul y blanco, pero los talibanes decían que las niñas no debían llevar un shalwar blanco. El uniforme que tanto me había gustado ahora me hacía sentirme como una criminal. De repente, adonde mirara, los talibanes parecían surgir como malas hierbas.

Entonces pensé: *¿Qué he hecho mal para estar atemorizada? Todo lo que quiero es ir a la escuela. Y eso no es un crimen. Es mi derecho.* Además, era hija de Ziauddin Yousafzai, el hombre que se había atrevido a hacer frente a los talibanes. Mantendría la cabeza bien alta, aunque mi corazón temblara.

\*

Aquel otoño, en octubre de 2007, ocurrió algo que nos dio esperanzas: Benazir Bhutto, la primera mujer que accedía al cargo de primer ministro de Pakistán, regresaba para participar en las elecciones de aquel año. Había vivido en el exilio en el Reino Unido desde que yo tenía dos años, pero llevaba años oyendo hablar de ella. Como mujer, era un modelo para las niñas como yo. Y era la única de nuestros líderes políticos que había tenido el valor de hablar contra los terroristas. Toda nuestra familia estaba pegada al televisor cuando se transmitió su llegada. La vimos llorar al pisar suelo pakistaní por primera vez en casi nueve años. Mi madre estaba emocionada, pero también temía por ella. Dijo al televisor: «¿Has venido para morir?». Todos sabíamos que para ella era peligroso regresar, pero esperábamos que no le ocurriera nada.

No mucho después, apenas dos meses más tarde, había muerto. Ocurrió ante mis ojos, cuando de nuevo la veía por televisión.

«Derrotaremos a las fuerzas del extremismo y la militancia con el poder del pueblo», había declarado. Entonces se puso de pie en su vehículo blindado para saludar a sus partidarios.

De repente se oyó un estallido y el rugido de una explosión. Conteniendo la respiración, vi cómo se desplomaba en el automóvil. Mi madre, mi padre y mi abuela estallaron en lágrimas. Benazir Bhutto era la primera mujer que había sufrido un atentado a manos de los terroristas. A pesar de que todos temíamos por ella, no esperábamos que atacaran a una mujer. Matar a mujeres está prohibido por el código *pashtunwali*. Estábamos anonadados.

Yo me sentía extrañamente tranquila. Mi primer pensamiento fue: *Si Benazir Bhuttho puede morir, nadie está a salvo.* Nadie *estaba* a salvo en Pakistán. No lo estaban las mujeres a las que se les prohibía caminar por las calles de sus propias ciudades. Tampoco lo estaban los hombres a los que flagelaban hasta la muerte por mezquindades. Ni los niños que trabajaban en el montón de basura. Ni siquiera lo estábamos los niños que, como yo, sólo queríamos ir a la escuela.

Mientras miraba la televisión, una tenue voz en mi corazón me susurró: «¿Por qué no vas tú y luchas por los derechos de las mujeres; por hacer de Pakistán un lugar mejor?».

Hacía poco tiempo que había dado entrevistas a los canales de televisión Dawn y Jaiber sobre la educación de las niñas, y aunque me había puesto nerviosa, lo había conseguido. Y me había gustado.

Como todos lloraban a mi alrededor, mantuve el secreto. Me dije: «Continuaré este viaje de lucha por la paz y la democracia en mi país».

Sólo tenía diez años, pero sabía que, de alguna forma, encontraría un camino.

# 9

## *Caramelos del cielo*

Un día del otoño de 2007 nos encontrábamos en clase cuando oímos un terrible estruendo. Todos, alumnos y profesores, corrimos al patio y miramos hacia arriba. Un enjambre de helicópteros negros del ejército oscurecía el cielo. Agitaban el aire a nuestro alrededor y levantaban una tormenta de polvo y arena. Nos tapamos los oídos y tratamos de hacernos oír a gritos, pero nuestras voces se perdían en aquel ruido ensordecedor.

Entonces se oyó un golpe seco cuando algo cayó al suelo a nuestros pies. *¡Clonk! ¡Clonk! ¡Clonk!* Gritamos... y después empezamos a aplaudir. ¡Caramelos! Los soldados nos estaban tirando caramelos. Nos mondábamos de risa mientras pugnábamos por conseguir los caramelos.

Estábamos tan contentas que tardamos un poco en comprender lo que estaba ocurriendo. ¡El ejército había venido a rescatar Swat de Fazlullah! ¡Gritábamos de alegría y aplaudíamos y saltábamos. ¡Caían caramelos del cielo! ¡Y la paz llegaría a Swat!

Pronto había soldados por todas partes. Incluso dejaban los helicópteros aparcados en el campo de golf de Mingora. Era extraño ver al ejército en Swat. Habíamos rezado para que alguien hiciera frente a Fazlullah y a sus hombres de turbantes de negros y kalashnikovs. Pero ahora la ciudad estaba llena de hombres con uniformes verdes y kalashnikovs.

Prácticamente de la noche a la mañana los hombres de Fazlullah desaparecieron, como la nieve que se funde en el suelo. Pero aunque ya no podíamos verlos, sabíamos que no estaban lejos, apenas a unos kilómetros, y Mingora seguía siendo una ciudad tensa y atemorizada. Cada día, después del colegio, mis hermanos y yo volvíamos corriendo a casa y cerrábamos las puertas. Ya no jugábamos al cricket en la callejuela. Ya no jugábamos al escondite en la calle. Ya no caían caramelos del cielo.

*

Una tarde, desde los altavoces de la mezquita nos llegó el anuncio de que el ejército había impuesto el toque de queda. No sabíamos qué era «toque de queda», así que di unos golpecitos en la pared de Safina para que alguien de su casa se acercara al agujero de la pared y me lo explicara. En seguida vinieron a nuestra casa Safina y su madre y su hermano y nos explicaron que no podíamos salir durante determinadas horas del día y durante toda la noche. Mis hermanos y yo estábamos tan asustados que ni siquiera salíamos de nuestras habitaciones. Nos quedábamos allí y escudriñábamos la calle vacía entre las cortinas.

Aquella noche un relámpago blanco brillante resplandeció en el cielo e iluminó la habitación por un segundo, como el flash de una cámara. *¡Bum!* Un golpe sordo en el suelo. Salté de la cama y corrí a la habitación de mis padres. Khushal y Atal también vinieron con nosotros. Nos abrazamos todos, temblando. Los platos traqueteaban, los muebles temblaban y las ventanas vibraban. Entonces, al cabo de unos minutos, se escucharon los disparos del ejército en las afueras de la ciudad. A cada disparo y cada estallido, nos agarrábamos más fuerte, hasta que poco a poco nos fuimos durmiendo.

A la mañana siguiente, nos despertamos como si saliéramos de un sueño largo e inquieto. Después de una noche de bombardeos, el aire parecía extrañamente sereno. Nos atrevimos a tener esperanza. ¿Era posible que el ejército hubiera derrotado a los talibanes? Nos asomamos a la verja y vimos grupos de personas del vecindario hablando en corrillos. Mi padre salió para averiguar qué había ocurrido. Volvió con el ceño fruncido. En la calle se rumoreaba que los talibanes se iban a hacer con el control de Swat. La operación militar había fracasado. Nos quedamos anonadados.

El ejército envió hombres y más hombres, y los combates continuaron, noche tras noche, durante un año y medio. Yo siempre era la primera en correr a la habitación de nuestros padres y mis hermanos no tardaban en venir. Y como éramos demasiados en la cama, ahora tenía que dormir sobre un montón de mantas en el suelo. (¡Incluso en plena guerra, me irritaba que aquellos dos me quitaran mi sitio!) Por extraño que suene, nos acostumbramos a las bombas y la artillería. A veces Atal ni siquiera se despertaba. Y Khushal y yo descubrimos un sistema para saber dónde tenían lugar los combates. Cuando era cerca, nos quedábamos sin electricidad. Si era lejos, no se cortaba.

Había tres tipos de ataques, y aprendimos a distinguirlos. Los talibanes eran los únicos que hacían estallar bombas, unas veces por control remoto, otras con suicidas. El bombardeo de artillería desde helicópteros y cañones en lo alto de las montañas era el ejército. El tercer tipo, las ametralladoras, podían ser los dos.

Tenía miedo por la noche, especialmente cuando estallaban bombas. En el suelo de la habitación de mis padres recitaba un versículo especial del Corán, el *Ayat al-Kursi*. Si lo recitas tres veces, tu hogar estará libre de demonios y de cualquier tipo de peligros. Cuando lo recitas cinco veces, el vecindario entero estará a salvo. Con siete veces, estará protegida toda la ciudad. Yo lo recitaba siete, ocho, nueve veces, tantas que perdía la cuenta. Entonces me dirigía a Dios. *Bendícenos y protégenos. Bendice a nuestro padre y nuestra familia.* Entonces me corregía. *No, bendice a nuestra calle. No, a nuestro barrio. Bendice a todo Swat.* Entonces añadía: *No, bendice a todo Pakistán. No, no sólo a Pakistán. Bendice a todo el mundo.*

Intentaba taparme los oídos e imaginarme cómo ascendían mis plegarias hacia Dios. De alguna manera, cada mañana nos despertábamos sanos y salvos. Ignoraba la suerte de las demás personas por las que había rezado, pero deseaba paz para todos. Y, especialmente, para Swat.

Un día mis plegarias tuvieron respuesta. El ejército no había vencido, pero al menos había obligado a los talibanes a esconderse, aunque no los hubiera expulsado.

# 10

# 2008: Cómo es vivir bajo el terrorismo

De alguna manera la vida cotidiana continuaba a pesar de los estallidos de las bombas y las muertes. La escuela siguió siendo un refugio en la locura de una ciudad en guerra. Aunque entre las bombas y el toque de queda (que podía aplicarse a cualquier hora del día) no siempre podíamos ir. Y a veces los ruidosos helicópteros que volaban sobre nosotros no nos dejaban oír nada, y esos días nos mandaban a casa. Pero si el colegio abría sus puertas, allí estaba yo, dispuesta a pasar el tiempo con mis amigas y a aprender con mis maestros.

Mis amigas y yo habíamos pasado a enseñanza media, y nuestra amistosa competencia se había vuelto más competitiva. No sólo queríamos obtener buenas notas; queríamos las mejores notas.

No era sólo que quisiéramos ser las mejores, aunque todas disfrutábamos cuando lo éramos. Era que cuando nuestras maestras, como la señorita Ulfat en la escuela primaria, decían «Excelente» o «¡Bien hecho!», nuestros corazones trepidaban. Porque cuando un profesor te valora, piensas *«¡Soy importante!»*. En una sociedad en la que la gente cree que las chicas somos débiles y que sólo valemos para cocinar y limpiar, piensas *Tengo talento*. Cuando un profesor te dice que todos los grandes líderes y científicos fueron niños alguna vez, piensas *Quizá nosotras también seamos grandes el día de mañana*. En un país en el que tanta gente considera un despilfarro enviar a las niñas a la escuela, es un maestro quien te ayuda a creer en tus sueños.

Y yo había encontrado una gran maestra en nuestra directora de secundaria, la señorita Maryam. Era inteligente e independiente: todo lo que yo quería ser. Había ido a la universidad. Tenía un trabajo con el que se ganaba su sueldo.

Ahora que estábamos en secundaria, las asignaturas eran más difíciles. Estudiábamos álgebra, química y, mi favorita, física. Y aunque nuestras profesoras no tenían más que una pizarra y tiza, éramos libres de llegar hasta donde nos llevara nuestra curiosidad. En una ocasión, una niña interrumpió la clase de química para preguntar: «Si todo está compuesto de átomos, ¿de qué están compuestos los átomos?». Otra preguntó: «Si los electrones están moviéndose constantemente, ¿por qué no se mueve la silla en la que estoy sentada?». La maestra dejó de lado la lección que tenía prevista para ese día y todas preguntamos lo que se nos ocurrió.

Pero en aquellos días de lo que más hablábamos era del ejército y de los talibanes. La población de Swat estaba atrapada en el medio. Una amiga solía picarme diciendo: «Los talibanes son buenos, el ejército no es bueno». Y yo siempre respondía: «Cuando te encuentras entre el ejército y los militantes, no hay nada bueno».

\*

El camino de regreso desde el colegio se había vuelto tenso y angustioso, y sólo quería relajarme cuando me encontraba a salvo en casa. Un día llegué antes que mis hermanos —feliz de, por una vez, no tener que pelearme con Khushal por el mando a distancia— y me dispuse a ver mi programa favorito, *Shararat*, que significa «haciendo travesuras». No era más que una comedia de Bollywood, pero me encantaba.

Encendí el televisor... y todo lo que se veía era estática. Cambié de canal. Más estática. Probé todos los canales. Nada más que estática. Al principio creía que era otro de aquellos fastidiosos cortes de electricidad que teníamos cada día. Pero aquella noche descubrimos que los hombres de Fazlullah habían bloqueado todos los canales por cable. Decían que la televisión era *haram*; mostraba el mundo occidentalizado, donde las mujeres tienen relaciones amorosas y no se cubren el pelo. Con nada más que el canal oficial del gobierno, estábamos prácticamente aislados del mundo exterior.

\*

Entre tanto, Fazlullah seguía transmitiendo sus sermones. Las niñas no debían salir de casa, predicaba. Nos esforzamos por ignorarle hasta el día en que, al llegar a casa, encontré a mi madre con la cabeza entre las manos. «Oh, *jani*, el mundo se ha vuelto loco. Fazlullah y sus hombres han volado la escuela de niñas en Matta.»

Me quedé anonadada. Fazlullah había destruido una escuela primaria a la que ni siquiera iban adolescentes. Había puesto la bomba de noche, cuando estaba vacía, pero cómo se podía ser tan cruel para arrojar bombas incendiarias a un lugar en el que las niñas sólo querían aprender a leer y a escribir y a sumar. ¿Por qué?, me preguntaba. ¿Por qué representaba un colegio semejante amenaza para los talibanes?

Susurré una breve oración por las niñas que habían perdido su escuela y otra para que no le ocurriera nada al Colegio Khushal. *Por favor, Dios —recé—, ayúdanos a proteger nuestro valle y a detener esta violencia.*

Todos los días, los hombres de Fazlullah atacaban nuevos objetivos. Comercios, carreteras, puentes. Y escuelas. La mayoría estaban fuera de Mingora, pero empezaron a aproximarse. Cada vez más. Un día me encontraba en la cocina limpiando los platos —a pesar de mis esfuerzos por librarme— cuando una bomba estalló tan cerca que toda la casa tembló y se cayó el ventilador que estaba sobre la ventana. Antes de que pudiera reaccionar, se fue la luz. Así era como ocurría: bomba... y oscuridad. Los talibanes nos atacaban y la electricidad se cortaba durante una hora como mínimo.

Unos días después los talibanes volvieron a golpear. En un edificio cercano se estaba celebrando el funeral por una de las víctimas de su último atentado. Cuando los asistentes se congregaron para rendir homenaje al fallecido, un terrorista suicida hizo detonar sus explosivos. Murieron más de cincuenta y cinco personas, entre ellas varios miembros de la familia de Moniba.

Yo había crecido oyendo la palabra *terrorismo*, pero nunca había entendido realmente qué significaba. Hasta ese momento. El terrorismo es diferente de la guerra, donde los soldados se enfrentan en la batalla. Terrorismo es sentir el miedo a tu alrededor. Es irte a dormir por la noche sin saber qué horrores traerá el día siguiente. Es abrazarte a tu familia en la habitación central de la casa porque habéis decidido que es el lugar más seguro. Es caminar por tu propia calle sin saber en quién puedes confiar. Terrorismo es el miedo de que cuando tu padre sale de casa por la mañana no regrese por la noche.

Ahora el enemigo estaba por todas partes y los ataques llegaban como de la nada. Un día destruían un comercio. Al día siguiente, una casa. Circulaban toda clase de rumores. El comerciante había contrariado a Fazlullah y había ayudado al ejército. El hombre cuya casa había sido destruida era un activista político. Un día volaban un puente; al día siguiente, una escuela. Ningún lugar era seguro. Nadie estaba a salvo.

Nuestra familia intentó continuar su vida con normalidad, pero siempre estábamos tensos. Las explosiones se convirtieron en una parte tan habitual de la vida cotidiana que cada vez que oíamos una explosión seguíamos la misma rutina. Nos llamábamos unos a otros para asegurarnos de que estábamos bien. «¡*Khaista, pisho, bhabi*, Khushal, Atal!», gritábamos. Entonces tratábamos de oír si las sirenas pasaban cerca. Después rezábamos.

Este tipo de terror aleatorio nos impulsaba a hacer cosas extrañas. Mi padre empezó a tomar un camino distinto para regresar a casa cada noche por si alguien estaba estudiando sus rutinas. Mi madre evitaba el mercado y mis hermanos permanecían dentro de casa incluso en los días más soleados. Y como yo había estado en la cocina las dos veces en que había habido explosiones cerca de nuestra casa, me mantenía todo lo lejos que podía de esa parte de la casa. Pero ¿cómo puede vivir una persona que tiene miedo de una habitación de su propia casa? ¿Cómo puede una madre comprar comida para su familia si el mercado es una zona de guerra? ¿Cómo van a reunirse los niños para jugar al cricket cuando una bomba puede estallar bajo sus pies?

La noche era lo peor. Cuando oscurecía, nos estremecíamos con cada ruido y nos sobresaltábamos con cada sombra. Por la noche Fazlullah llevaba a cabo la mayoría de sus atentados, especialmente la destrucción de escuelas. Así que, cada mañana, antes de dar la vuelta a la esquina de camino al Colegio Khushal, cerraba los ojos y decía una plegaria: tenía miedo de abrirlos y que la escuela hubiera quedado reducida a escombros durante la noche. Esto era vivir bajo el terrorismo.

Sólo en 2008, los talibanes volaron doscientas escuelas. Se producían atentados suicidas y asesinatos con regularidad. Cerraron las tiendas de música, a las hijas y las hermanas se les impidió que fueran a la escuela y durante el mes del Ramadán en Mingora no teníamos electricidad ni gas porque los hombres de Fazlullah habían volado la central eléctrica y la conducción del gas.

Una noche, cuando una explosión sonó especialmente cerca de nuestra casa, fui junto a mi padre. «¿Tienes miedo ahora?», le pregunté.

«De noche, nuestro temor es fuerte, *jani* —repuso—, pero por la mañana, a la luz, volvemos a encontrar el valor.»

# PARTE TERCERA
## *Encuentro mi voz*

# 11

## *Una oportunidad de hablar*

De día o de noche, el valor de mi padre parecía inalterable, a pesar de que recibía cartas de amenaza, así como advertencias de amigos preocupados. Cada vez que volaban una escuela, lo denunciaba; en una ocasión incluso fue al lugar del atentado mientras las ruinas todavía humeaban. E iba frecuentemente a Islamabad y Peshawar a tratar de conseguir ayuda del gobierno y a denunciar a los talibanes.

Me daba cuenta de que mi madre a veces estaba preocupada. Nos abrazaba con fuerza y rezaba por nosotros antes de que nos fuéramos al colegio y en cuanto regresábamos. Y por la noche permanecía levantada hasta muy tarde con el teléfono en la mano, tratando de no llamar a mi padre cada hora.

Nos contaba sus planes si llegaban los talibanes. Pensó que podía dormir con un cuchillo bajo la almohada. Yo le dije que podía deslizarme al cuarto de baño y llamar a la policía. También pensé en el lápiz mágico por el que rezaba.

Ahora sería el mejor momento para que mis plegarias por fin tuvieran respuesta.

En el colegio, mis amigas y yo nos preguntábamos qué podríamos hacer. Así que la señorita Maryam y mi madre trabajaban con nosotras en redacciones y discursos en los que expresábamos lo que pensábamos sobre la campaña talibán de destruir los colegios de niñas y cuánto significaba la escuela para nosotras. Organizamos una asamblea en la que pronunciaríamos nuestros discursos; la llamamos marcha por la paz, pero sólo seríamos un puñado de niñas de enseñanza media.

El día de la asamblea, vino a nuestro colegio un equipo de la televisión pashtún. Estábamos entusiasmadas y sorprendidas: no pensábamos que a nadie le interesase lo que un grupo de niñas tenía que decir sobre la paz. Algunas estaban nerviosas, pero yo ya había dado varias entrevistas para entonces y me sentía más tranquila ante una cámara, aunque, la verdad sea dicha, aún no me había librado de los nervios.

En el Colegio Khushal éramos una democracia, por lo que todas las niñas tenían la oportunidad de hablar. Las mayores fueron las primeras. Hablaron sobre nuestras amigas que habían dejado de ir al colegio por miedo. Hablaron sobre cuánto nos gustaba aprender.

Entonces fue el turno de Moniba, nuestra campeona de oratoria pública, que se adelantó y habló como una poetisa. «Los pashtunes somos un pueblo que ama la religión —dijo—. A causa de los talibanes, todo el mundo cree que somos terroristas. Pero no es así, somos amantes de la paz. Nuestras montañas, nuestros árboles, nuestras flores, todo en nuestro valle transmite paz.»

Después de Moniba, fue mi turno. Tenía la boca seca como el polvo. Estaba inquieta, como suelo estarlo antes de las entrevistas, pero sabía que ésta era una oportunidad importante de difundir nuestro mensaje de paz y educación. En cuanto me pusieron el micrófono delante, las palabras salieron, seguras y fluidas, fuertes y orgullosas. «No estamos en la Edad de Piedra —dije—, pero parece que estamos retrocediendo. A las niñas se nos está privando de nuestros derechos.» Hablé de cuánto me gustaba ir al colegio. De lo importante que era seguir aprendiendo. «No tenemos miedo a nadie y proseguiremos nuestra educación. Éste es nuestro sueño.» En ese instante supe que no era yo, Malala, quien estaba hablando; mi voz era la voz de muchas otras niñas que querían hablar pero no podían.

Los micrófonos me hacían sentir como si llegara a todo el mundo. Sólo había hablado en canales de televisión y diarios locales, pero era como si el viento llevara mis palabras, de la misma forma que esparce el polen de las flores en primavera, plantando semillas por toda la tierra.

Y adquirí una curiosa costumbre: a veces me sorprendía mirándome al espejo y pronunciando discursos.

Nuestra casa estaba llena de parientes de Shangla que venían a Mingora cuando tenían que ir al médico o hacer compras. La cocina estaba llena de tías mías cuchicheando. Mis tíos estaban en la habitación de invitados discutiendo. Y la casa estaba llena de niños jugando. Y llorando. Y peleándose. Con todo aquel caos a mi alrededor, me escapaba al baño y miraba al espejo. Sin embargo, cuando miraba al espejo, no me veía a mí. Veía a cientos de personas escuchándome.

La voz de mi madre me arrancaba de mi sueño. «*Pisho* —decía—, ¿qué estás haciendo ahí? Nuestros invitados necesitan usar el cuarto de baño.»

A veces me sentía muy tonta cuando me daba cuenta de que estaba discurseando ante un espejo en el baño. «Malala —me decía a mí misma—, ¿qué estas haciendo?»

Quizá, pensaba, todavía era aquella pequeña Malala que enseñaba en un aula vacía.

Pero quizá era algo más. Quizá aquella niña del espejo, la niña que imaginaba hablar al mundo, era la Malala en que me iba a convertir. Así que durante 2008, mientras nuestro Swat estaba siendo atacado, yo no permanecí en silencio. Hablé en canales de televisión, emisoras y periódicos locales y nacionales... hablé a todo el que quisiera escuchar.

# 12

## El diario de una colegiala

«Después del 15 de enero, ninguna niña, ni pequeña ni mayor, irá a la escuela. De lo contrario, ya sabéis lo que podemos hacer. Y los padres y el director de la escuela serán los responsables.»

Ésta era la noticia que llegó por Radio Mulá a finales de diciembre de 2008. Al principio, creía que no era más que una de sus declaraciones enloquecidas. ¡Estábamos en el siglo XXI! ¿Cómo iba a poder un hombre impedir que más de cincuenta mil niñas fueran a la escuela?

Yo soy una persona optimista... mis amigas dicen que demasiado optimista, quizá incluso un poco loca. Pero simplemente no creía que ese hombre pudiera detenernos. La escuela era nuestro derecho.

En clase debatimos su edicto. «¿Quién le va a detener? —decían las demás niñas—. Los talibanes ya han volado cientos de escuelas y nadie ha hecho nada.»

«Nosotras lo haremos —dije—. Pediremos a nuestro gobierno que venga y acabe con esta locura.»

«¿El gobierno? —dijo una niña—. ¡Si ni siquiera puede cerrar la emisora de Fazlullah!»

El debate siguió y siguió. Yo no cedí. Pero mi argumento me resultaba un poco débil incluso a mí.

Una a una, las niñas dejaron de venir a la escuela. Sus padres se lo prohibieron. Sus hermanos se lo prohibieron.

Al cabo de unos días en nuestro curso habíamos pasado de veintisiete a diez.

Yo me sentía triste y frustrada, pero también lo comprendía. En nuestra cultura, las niñas no llevan la contraria a los varones de sus familias. Y me daba cuenta de que los padres, los hermanos y los tíos que obligaban a mis amigas a no salir de casa lo hacían porque les preocupaba su seguridad. A veces era difícil no deprimirse un poco, no pensar que las familias que impedían salir a las niñas simplemente estaban claudicando ante Fazlullah. Pero siempre que me sorprendía cediendo a pensamientos derrotistas, tenía una de mis conversaciones con Dios. *Ayúdanos a valorar los días de colegio que nos quedan, Dios, e infúndenos el coraje de luchar incluso con más ahínco.*

\*

Las clases debían terminar en la primera semana de enero para nuestras habituales vacaciones de invierno, pero mi padre decidió posponerlas y continuar las clases hasta el 14 de enero. De esa manera aprovecharíamos cada minuto que nos quedara. Y las diez niñas que quedábamos de mi clase permanecíamos en el patio cada día después del colegio por si eran las últimas veces que estábamos juntas.

Por la tarde, en casa, me preguntaba qué haría con mi vida si no podía ir al colegio. A una de las niñas de la escuela la habían casado antes del edicto de Fazlullah. Tenía doce años. Yo sabía que mis padres no me harían eso, pero me preguntaba ¿qué *voy a hacer?* ¿Pasar el resto de mi vida metida en casa, oculta a la vista de todos, sin televisión y sin libros? ¿Cómo acabaría mis estudios y me haría médico, que era mi mayor esperanza en aquella época? Jugaba con mi casita de muñecas y pensaba: *Los talibanes quieren convertir a las niñas de Pakistán en muñecas inertes e idénticas.*

Mientras las niñas disfrutábamos del tiempo que nos quedaba hasta el 15 de enero, Fazlullah golpeó una y otra vez. El año anterior había sido duro, pero aquellos días de enero de 2009 fueron de los más sombríos de nuestras vidas. Cada mañana llegaba alguien al colegio con la noticia de que aquella noche habían cometido otro asesinato, a veces dos, a veces tres. Los hombres de Fazlullah mataron a una mujer en Mingora porque decían que era *fahashi*, indecente, porque era bailarina. Y mataron a un hombre en el valle porque se negó a llevar sus pantalones recogidos como los llevaban los talibanes. Y ahora a nosotras se nos prohibía ir a la escuela.

Una tarde oí a mi padre decir por teléfono: «Todos los maestros se han negado. Tienen demasiado miedo. Pero veré qué puedo hacer». Colgó y salió de casa a toda prisa.

Un amigo que trabajaba en la BBC, la potente British Broadcasting Corporation, le había pedido que alguien del colegio escribiera un diario sobre la vida bajo los talibanes para su servicio en urdu: un profesor o una alumna de los últimos cursos. Todos los profesores habían dicho que no, pero la hermana pequeña de Maryam, Ayesha, una de las alumnas mayores, había accedido.

Al día siguiente, tuvimos una visita: el padre de Ayesha. No iba a permitir a su hija contar su historia: «Es demasiado arriesgado», dijo.

Mi padre no discutió con él. Los talibanes eran crueles, pero ni siquiera ellos harían daño a una niña, hubiera querido decirle. Pero respetó la decisión del padre de Ayesha y se dispuso a llamar a la BBC con la mala noticia.

Yo sólo tenía once años, pero dije: «¿Por qué no yo?». Sabía que quería a alguien mayor, no una niña.

Miré a mi padre con esperanza y ansiedad. Había demostrado mucho valor expresando su opinión públicamente. Una cosa era hablar a los medios nacionales y locales, pero este diario podrían leerlo fuera de Pakistán. Después de todo, era la BBC. Mi padre siempre me había apoyado. ¿Podría apoyarle yo a él? No necesitaba pensarlo para saber que sí. Haría cualquier cosa para seguir yendo a la escuela. Pero primero fuimos a hablar con mi madre.

Si ella tenía miedo, yo no lo haría, porque si no contaba con su apoyo sería como hablar con la mitad de mi corazón.

Pero mi madre accedió. Nos respondió con un versículo del Corán: «La falsedad ha de desaparecer y la verdad prevalecerá». Dios me protegería, dijo, porque mi misión era buena.

En Swat muchas personas veían el peligro donde quiera que mirasen. Pero nuestra familia no afrontaba la vida de esa manera. Veíamos posibilidades. Y sentíamos la responsabilidad de defender a nuestra patria. Mi padre y yo somos los idealistas. «Las cosas deben mejorar», decíamos siempre. Mi madre era nuestro puntal. Mientras nuestras cabezas están el cielo, sus pies están en el suelo. Pero todos creíamos en la esperanza. «Alzar la voz es la única forma de conseguir que las cosas mejoren», decía.

Nunca había escrito antes un diario y no sabía cómo empezar, así que el corresponsal de la BBC dijo que me ayudaría. Me llamaba al teléfono de mi madre porque, aunque teníamos ordenador, había cortes de corriente frecuentes y pocos lugares en Mingora tenían acceso a Internet. La primera vez que hablamos me dijo que estaba utilizando el teléfono de su esposa porque el suyo lo habían «pinchado» los servicios de inteligencia.

Me sugirió que utilizase un nombre falso para que los talibanes no supieran quién estaba escribiendo el diario. No quería cambiarme el nombre, pero me preocupaba mi seguridad. Por eso elegí un pseudónimo: Gul Makai, que significa «azulina» y es el nombre de la heroína de una leyenda pashtún.

La primera entrada de mi diario apareció el 3 de enero de 2009, unas dos semanas antes de que se cumpliera el plazo de Fazlullah. El título era «Tengo miedo». Escribí sobre lo difícil que era estudiar o dormir por la noche mientras se oía el ruido constante de los combates en las montañas fuera de la ciudad. Y describí cómo iba caminando al colegio cada mañana, mirando por encima del hombro por si me seguía algún talibán.

Escribía en la intimidad de mi cuarto, utilizando una identidad secreta, pero, gracias a Internet, todo el mundo podía leer la historia de lo que estaba ocurriendo en Swat. Era como si Dios por fin me hubiera concedido el lápiz mágico.

En mi siguiente entrada escribí sobre cómo la escuela era el centro de mi vida y lo orgullosa que estaba de caminar por la calle en Mingora con el uniforme escolar.

Por emocionante que fuera ser Gul Makai, más difícil aún era no contárselo a nadie, especialmente en el colegio. El diario de esta anónima colegiala pakistaní estaba en boca de todos. Una niña incluso lo imprimió y se lo enseñó a mi padre.

«Es muy bueno», le dijo con una sonrisa de complicidad.

\*

Cuanto más próxima estaba la amenaza a la escuela de hacerse realidad, más valoraba poder ir a clase. En los últimos días, se decidió que llevar uniforme era demasiado peligroso, así que se nos dijo que fuéramos con nuestra ropa normal. Me propuse que la ira de Fazlullah no me amedrentaría. Obedecí la instrucción sobre el uniforme, pero ese día elegí mi shalwar kamiz de color rosa brillante.

En cuanto salí de casa, por un momento pensé volver atrás. Habíamos oído historias de jóvenes a las que habían arrojado ácido a la cara en Afganistán. Aquí eso aún no había ocurrido, pero con todo lo que *sí* había ocurrido, no parecía imposible. Sin embargo, de alguna manera mis pies me llevaron a la escuela.

Mingora se había convertido en un lugar muy peculiar. Disparos y cañonazos como ruido de fondo. Apenas gente por la calle. (Y, si veías a alguien, no podías evitar pensar *Esta persona podría ser un terrorista.*) Y una niña con un shalwar kamiz rosa dirigiéndose furtivamente al colegio.

\*

El corresponsal de la BBC pidió más noticias de Swat para la siguiente entrada del diario. Yo no sabía qué decirle. Me pidió que escribiera sobre los asesinatos. Para él era obvio que eso era noticia. Pero, para mí, lo que experimentas cada día deja de ser noticia.

Era como si me hubiera inmunizado contra el miedo. Hasta que, un día, cuando volvía a casa del colegio, oí a un hombre detrás de mí que decía «Te mataré». El corazón se me paró, pero de alguna manera mis pies siguieron caminando. Apreté el paso hasta encontrarme muy por delante de él. Corrí a casa, cerré la puerta y, tras unos segundos, miré a hurtadillas. Ahí estaba, sin preocuparse de mí, gritando a alguien por teléfono.

Me reí de mí misma. «Malala —me dije—, ya hay suficientes cosas reales de las que tener miedo. No necesitas imaginar peligros donde no los hay.»

Me parecía que de lo que realmente tenía que preocuparme era de ser descubierta. Y, por supuesto, fue Moniba la primera que adivinó la identidad de Gul Makai. Un día me dijo en el recreo: «Leo un diario en el periódico y la historia suena como nuestra historia, lo que ocurre en nuestra escuela. Eres tú, ¿verdad?».

No podía mentir a Moniba. Pero cuando lo admití, se enfadó más que nunca. «¿Cómo puedes decir que eres mi mejor amiga cuando me ocultas un secreto tan importante?». Se dio la vuelta y se marchó. No obstante, sabía que, por enfadada que estuviera, no revelaría mi secreto.

Fue mi padre quien lo hizo. Accidentalmente, por supuesto. Estaba contando a un periodista lo terrible que era para los niños el mero hecho de ir y volver caminando a la escuela. Su propia hija, explicó, pensó que un hombre que hablaba por teléfono había amenazado con matarla. Todo el mundo reconoció la historia del diario y en abril acabaron mis días como Gul Makai, la bloguera secreta.

Pero el diario había cumplido su misión. Ahora, varios periodistas estaban siguiendo la historia de cómo Fazlullah quería cerrar las escuelas de niñas en Pakistán, entre ellos uno del *New York Times*.

Cuando era un bebé.

De niña, arreglada a la moda.

Con mi hermano Khushal en Mingora.

Leyendo con Khushal.

Nuestro abuelo paterno con Khushal y conmigo en nuestra casa en Mingora.

Con Khushal ante la cascada de Shangla.

Nieve en Mingora.

Fiesta de cumpleaños de mi hermano Atal en nuestra casa en Mingora.

Jugando al bádminton con mis hermanos.

El hermoso valle de Swat.

Una de las *estupas* de Swat. Una *estupa* es una estructura que se supone que contiene antiguas reliquias relacionadas con Buda.

Al principio, la gente dio mucho dinero a Fazlullah.

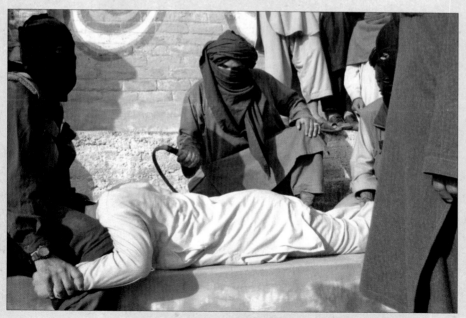

Los talibanes llevaban a cabo flagelaciones públicas.

Las mejores alumnas
son premiadas.

Representando una
obra de teatro en el
colegio.

Con mis premios escolares.

Un dibujo que hice a los doce años, al poco tiempo de regresar a Swat después de haber sido PDI (personas desplazadas internamente). Muestra el sueño de la armonía entre las religiones.

Casi casi todos los años fui elegida delegada de la clase.

Las alumnas en el patio del Colegio Khushal durante una exhibición científica.

# 13

## *Se acabaron las clases*

Desde que empecé a dar entrevistas, a veces venía gente de Mingora para felicitarme. Pero muchas amigas de mi madre estaban escandalizadas de que hubiera mostrado la cara en televisión. Algunas incluso le decían que se condenaría por no haberme educado mejor. Y aunque mi madre nunca me dijo nada, yo sabía que probablemente habría preferido que hubiera llevado velo. Pero incluso si mi madre no estaba de acuerdo con mi decisión —e incluso si sus amigas la criticaban—, ella me apoyó.

A su vez, también algunas de mis amigas me preguntaban por qué había permitido que el mundo me viera la cara. «Los hombres de Fazlullah llevan máscaras —dije— porque son criminales. Pero yo no tengo nada que ocultar y no he hecho nada malo. Estoy orgullosa de ser una voz que defiende la educación de las niñas. Y estoy orgullosa de mostrar mi identidad.»

Un energúmeno estaba a punto de expulsar a más de cincuenta mil niñas del colegio en cuestión de días, y todo lo que parecía preocupar a la gente era si yo debería haber llevado velo. Por su parte, mi hermano Khushal estaba diciendo que, por una vez, deseaba ser una chica para no tener que ir al colegio. A veces me preguntaba si el mundo no estaba del revés.

A mis padres les gustaba ver mis entrevistas, pero yo salía corriendo de la habitación cuando las transmitían por televisión. Quería dar entrevistas porque sabía lo importante que era defender los derechos de las jóvenes, pero no me gustaba verlas. No sé por qué. Me parecía bien que todo el mundo me viera... ¡pero yo no quería verme!

Supongo que tengo que admitir que me parezco mucho a todas esas personas que estaban tan preocupadas por mi aspecto. De repente fui consciente de toda clase de cosas sobre mi aspecto... cosas que antes no me habían preocupado mucho. Mi piel era demasiado oscura. Mis cejas, demasiado gruesas. Tenía un ojo más pequeño que el otro. Y odiaba los lunares de mi mejilla.

Un par de días antes del cierre oficial del colegio, mi padre fue a Peshawar para entrevistarse con dos videoperiodistas del *New York Times*, y yo fui con él. Le habían invitado para preguntarle si podían hacerle un seguimiento el último día del colegio, pero, al final de la entrevista, uno de ellos se volvió hacia mí y me preguntó: «¿Qué harías si llegara un día en que no pudieras regresar a tu valle y a tu escuela?». Como yo era obstinada y optimista al mismo tiempo, repuse: «Eso no ocurrirá». Él insistió en que era posible y yo me eché a llorar. Creo que fue entonces cuando decidieron hacer el documental sobre mí también.

La mañana del último día de colegio, se presentó en casa un equipo de dos cámaras. Yo todavía estaba durmiendo cuando llegaron. Dijeron a mi padre que iban a documentar mi jornada, desde el principio hasta el final. Le oí intentar disuadir al reportero de esta idea. Al final cedió y empezaron a filmar.

«No pueden impedirlo. Voy a formarme —dije al cámara—, tanto si es en casa, en la escuela o donde sea. Esto es lo que pedimos al mundo: que salve nuestras escuelas, que salve nuestro Pakistán, que salve nuestro Swat.» Sonaba esperanzada, pero en mi fuero interno estaba preocupada. Cuando mi padre me miraba, sonriendo incómodamente con una mezcla de orgullo y tristeza por su hija, yo me imaginaba encerrada en casa, leyendo los libros que pudiera conseguir hasta quedarme sin ellos. Tenía once años. ¿Realmente iba a terminar ahora mi formación? ¿Iba a acabar como las niñas que dejan la escuela para cocinar y limpiar? Lo que yo no sabía era que mis palabras llegaban a muchos oídos. Algunos en partes lejanas del mundo. Algunos en Swat, en los bastiones talibanes.

Más tarde, cuando mis amigas y yo cruzamos el umbral del colegio y el cámara grabó todos nuestros movimientos, me sentía como si fuéramos a un funeral. Nuestros sueños estaban muriendo.

Dos tercios de las alumnas se quedaron en casa, aunque todas habíamos prometido estar allí el último día. Entonces, una de ellas entró a toda prisa. Su padre y sus hermanos le habían prohibido que fuera al colegio, pero en cuanto salieron de casa, ella se escabulló. Qué mundo tan extraño era aquel en el que una niña que quería ir al colegio tenía que enfrentarse a militantes con ametralladoras y a su propia familia.

Los profesores trataban de actuar con normalidad; algunos incluso nos pusieron deberes como si fueran a volver a vernos después de las vacaciones de invierno. El timbre sonó por última vez y la señorita Maryam anunció las vacaciones de invierno, pero, a diferencia de otros años, no mencionó la fecha de comienzo del curso siguiente. Mis amigas y yo estábamos en el patio, abrazándonos, demasiado tristes para marcharnos.

Entonces tomamos una decisión. Haríamos que nuestro último día fuera el mejor. Nos quedamos hasta tarde para que durara lo máximo posible. Fuimos al edificio de la escuela primaria, donde habíamos empezado todas de pequeñas, y jugamos a los juegos de entonces. Mango, mango. Rayuela. *Parpartuni.* Jugamos a juegos tontos, cantamos canciones absurdas y, al menos por unas horas, hicimos como si los talibanes no existieran.

Por desgracia, aquel día Moniba no me hablaba porque habíamos tenido una pelea unos días antes.

Cuando llegué a casa, lloré y lloré. Mi madre también se echó a llorar. Pero cuando llegó mi padre, dijo: «No te preocupes, *jani*. Irás al colegio».

Pero estaba preocupado. El colegio de niños volvería a abrir sus puertas después de las vacaciones de invierno, pero el cierre del colegio de niñas representaba una pérdida significativa de ingresos, que necesitaba para pagar los salarios de los maestros y el alquiler de los edificios. Como siempre, muchas familias se retrasaban en el pago de las mensualidades, mientras que otras habían dejado de pagar cuando Fazlullah emitió su edicto. Mi padre había pasado los últimos días antes de las vacaciones intentando encontrar una forma de pagar el alquiler, las facturas de la luz y el agua, y los sueldos de los profesores.

Aquella noche el aire estaba lleno de fuego artillero y me desperté tres veces. A la mañana siguiente mi familia y yo hablábamos con tristeza sobre la posibilidad de marcharnos de Swat o de enviarme a un internado lejos de allí. Pero, como decía mi padre, Swat era nuestro hogar. No lo abandonaríamos en esta época de dificultades.

# 14

## *La escuela secreta*

Mi padre quería que siguiera mejorando mi inglés, así que me animó a que viera un dvd que uno de los periodistas de Islamabad me había dado: un programa de televisión llamado *Ugly Betty (Betty la fea)*.

Me encantaba Betty, con su gran corrector dental y su gran corazón. Me admiraba verla a ella y a sus amigas caminar libremente por las calles de Nueva York, sin velos que les cubrieran la cara y sin necesidad de ir acompañadas de varones. La parte que más me gustaba era cuando el padre de Betty cocinaba *para ella*, en vez de al contrario.

Pero viendo aquella serie, aprendí otra cosa. Aunque Betty y sus amigas tenían ciertos derechos, las mujeres en Estados Unidos todavía no eran completamente iguales: su imagen se utilizaba para vender cosas. En ciertos aspectos, decidí, las mujeres son adornos también en la sociedad estadounidense.

Veía sus faldas tan cortas y sus escotes tan bajos y me preguntaba si había escasez de tela en Estados Unidos.

Qué disparatado era que este pequeño disco de plástico con imágenes de una joven con grandes gafas y brillante corrector dental fuera ilegal. Y qué extraño, también, ver cómo Betty y sus amigas eran libres de caminar por las calles de Nueva York mientras nosotras estábamos atrapadas en casa sin nada que hacer.

Otra serie que veía era una comedia británica de los setenta. Se llamaba *Mind Your Language* (Cuida tu lenguaje) y era sobre una clase de adultos procedentes de toda Inglaterra que intentaban aprender inglés. La señorita Maryam se la dio a mi padre, pero yo la veía y me hacía reír todo el tiempo. De todas formas, no es buena para aprender inglés porque ¡todos lo hablan tan mal! Pero ahí es donde aprendí algunas de mis expresiones favoritas, como «jolly good» (estupendo), «h'okay» (de acuerdo), «excooze me» (lo siento) y «thassalrye» (está bien).

Entre tanto, mi hermano pequeño, Atal, y sus amigos se habían aficionado a un nuevo juego. En vez de a *parpartuni*, jugaban a ejército contra talibanes. Los niños del vecindario hacían armas con cualquier cosa que encontraran: cohetes con ramas o papel doblado y granadas con botellas de agua vacías.

La guerra y el terrorismo se habían convertido en un juego infantil.

A veces mis hermanos —inconscientes de lo que eso significaba realmente— hacían que eran talibanes o soldados.

Incluso levantaron búnkeres en la azotea, donde organizaron una batalla.

Un día vi a Atal cavando enérgicamente en el jardín.

«¿Qué haces?», le pregunté.

Me entraron escalofríos cuando me respondió con la mayor normalidad: «Una tumba».

Mientras tanto, yo seguía escribiendo las entradas de mi blog como Gul Makai.

Cuatro días después de que cerraran todas las escuelas de niñas, los hombres de Fazlullah destruyeron cinco escuelas más. *Estoy asombrada* —escribí—. *Las escuelas ya están cerradas. ¿Qué necesidad había de destruirlas?*

Por su parte, el ejército no hacía nada más que aparentar actividad. Los soldados permanecían en sus búnkeres, fumando, disparando constantemente durante el día y bombardeando las montañas con sus cañones toda la noche. Sin embargo, por la mañana no nos llegaba la noticia de que el ejército había ganado terreno sino de que los talibanes habían cometido dos o tres nuevos asesinatos. La población de Swat seguía presenciando las flagelaciones anunciadas por el Mulá de la Radio. Y las niñas que sólo querían aprender estaban atrapadas en casas que se habían convertido en prisiones.

*

Aquellos días sombríos y apagados, oímos rumores acerca de conversaciones secretas con los talibanes. Entonces, de forma inesperada, Fazlullah accedió a levantar la prohibición de las escuelas primarias. Estaba permitido que las niñas pequeñas fueran a la escuela, decía, pero insistía en que, a partir de los diez años, debían permanecer en casa y observar el *purdah*.

Yo tenía once años, pero no iba a permitir que eso me detuviera. Además, podía pasar fácilmente por una niña de diez años.

La señorita Maryam envió un mensaje a todas las niñas de secundaria: si estaban dispuestas a desafiar el nuevo edicto, ella abriría las puertas del colegio. «Pero no vengáis con uniforme —dijo—. Vestid con ropa de calle, un shalwar kamiz sencillo que no llame la atención.» Así que, al día siguiente, me puse ropa normal y salí de casa con los libros escondidos bajo el velo y la cabeza alta.

Pero Mingora había cambiado mientras el colegio permaneció cerrado ese mes. Las calles estaban fantasmales. Los comercios estaban cerrados, las casas a oscuras e incluso el habitual alboroto del tráfico no era más que un murmullo. Más de un tercio de la población había huido.

Mis amigas y yo teníamos un poco de miedo cuando nos dirigíamos al colegio en aquel primer día prohibido, pero teníamos un plan: si un talibán nos detenía, diríamos: «estamos en cuarto curso».

\*

Aquella mañana estaba más exultante que nunca cuando crucé el umbral del colegio. La señorita Maryam estaba allí esperándonos, nos abrazaba a cada una y nos decía lo valientes que éramos. Ella también era valiente, por supuesto. Corría un gran riesgo por estar allí. A las niñas como nosotras quizá se nos reprendiera. Una mujer adulta podía ser golpeada. O asesinada.

«Esta escuela secreta es nuestra protesta silenciosa», dijo.

# 15

## ¿Paz?

Una mañana de febrero nos despertó el ruido de disparos. No era infrecuente que nos despertara varias veces cada noche, pero esta vez era diferente.

La población de Mingora estaba disparando sus rifles al aire para celebrar un tratado de paz. El gobierno había acordado imponer la sharía si los talibanes abandonaban la lucha.

La sharía significaba que todos los aspectos de la vida —desde las disputas de propiedad hasta la higiene personal— estarían dictados por jueces religiosos. Aunque la gente criticó el acuerdo de paz, yo estaba contenta porque significaba que podría volver al colegio.

Desde 2007 habían sido asesinadas más de mil personas. Las mujeres habían sido confinadas al *purdah,* habían volado escuelas y puentes, se habían cerrado negocios y la población de Swat había vivido en un temor constante. Ahora todo eso se iba a acabar. Quizá los talibanes abandonaran las armas, volvieran a sus hogares y nos dejaran vivir como pacíficos ciudadanos.

Lo mejor de todo, los talibanes habían cedido en la cuestión de los colegios de niñas. Incluso las jóvenes podrían volver al colegio. De todas formas, pagaríamos un pequeño precio: podríamos ir al colegio mientras nos mantuviéramos tapadas en público. *Si ésa es la única condición, estupendo*, pensé.

\*

Mientras el colegio estuvo cerrado, seguí hablando en entrevistas sobre el derecho de las niñas a la educación, y mi padre y yo asistimos a mítines y actos públicos para difundir al máximo nuestro mensaje. Pero ahora GEO TV, el principal canal de nuestro país, quería entrevistar a una niña sobre el tratado de paz. Nos iban a entrevistar en la azotea de un hotel aquella noche. Me prendieron un micrófono y contaron: cinco-cuatro-tres-dos-uno.

El entrevistador me preguntó cómo afectaría el acuerdo de paz a las jóvenes y si yo creía que iba a prosperar. El tratado de paz acababa de ser anunciado y ya se había incumplido: un periodista que había entrevistado recientemente a mi padre había sido asesinado.

Yo ya estaba decepcionada por el tratado, y así lo dije. «Realmente estamos apenados de que la situación no deje de empeorar. Esperábamos paz y poder volver al colegio. El futuro de nuestro país nunca será brillante si no educamos a la joven generación. El gobierno debería actuar y ayudarnos.»

Pero no lo hizo. Añadí: «No tengo miedo de nadie. Proseguiré mi formación. Aunque tenga que sentarme en el suelo para ello. Tengo que continuar mi educación, y lo haré».

Yo misma me preguntaba cómo me había vuelto tan atrevida. «Bien, Malala —me dije—, no estás haciendo nada malo. Estás hablando en pro de la paz, de tus derechos, de los derechos de las niñas. Eso no es nada malo. Es tu deber.»

Después de la entrevista, un amigo de mi padre le preguntó: «¿Cuántos años tiene Malala?».

Cuando mi padre le dijo que tenía once, se quedó asombrado. Es *pakha jenai*, dijo, muy madura para su edad.

Después preguntó: «¿Cómo es que es tan precoz?».

Mi padre repuso: «Las circunstancias la han hecho así».

*

Pero nos habían engañado. Tras la imposición de la sharía, los talibanes se volvieron incluso más osados. Ahora patrullaban abiertamente por las calles de Mingora con armas y porras como si fueran el ejército. Asesinaban a los policías y arrojaban sus cuerpos a la cuneta. Golpearon a un tendero porque permitía que las mujeres no acompañadas de varones compraran pintalabios en su tienda. Y en el mercado amenazaban a todas las mujeres, incluida mi madre.

Un día, cuando mi madre fue al mercado a comprar un regalo para la boda de mi prima, un talibán corpulento le cortó el paso con agresividad. «Te podría apalear ahora, por salir de casa sin burka. ¿Comprendes?», le dijo.

Mi madre estaba enfadada y asustada. El talibán se refería al burka integral, que cubre toda la cara y que sólo permite ver a través de una rejilla. Ella llevaba un burka que no le cubría completamente el rostro y ni siquiera tenía uno de los otros. «Sí, de acuerdo —dijo—. Lo llevaré en el futuro.» Nunca había mentido antes. Pero tampoco la había abordado nunca un talibán con una ametralladora.

«Bien, la próxima vez no seré tan amable contigo», dijo el hombre.

Pronto supimos que ni siquiera el burka ofrecía protección contra los caprichos de los talibanes.

Al llegar a casa un día encontré a mi padre y a sus amigos viendo un vídeo en su teléfono. Me acerqué para ver a qué se debía toda aquella expectación. En el vídeo una joven que llevaba un burka negro y pantalones rojos estaba echada boca abajo en el suelo y la azotaba un hombre con barba y turbante negro. «¡Por favor, ya no más! —suplicaba entre sollozos y gemidos cada vez que recibía un latigazo—. ¡En el nombre de Alá, voy a morir!»

Se oía a los talibanes gritar: «¡Sujetadla. Agarradle las manos!». En un momento determinado el burka se escurrió y se le vieron los pantalones. Se detuvieron para colocárselo y siguieron azotándola. Se había congregado un nutrido grupo de gente alrededor, pero nadie hizo nada. Un pariente de la mujer incluso se prestó a sujetarla. Cuando acabaron, había recibido treinta y cuatro azotes.

Unos días después el vídeo estaba en todas partes, incluso en televisión, y los talibanes lo reivindicaron. «Esa mujer había salido de su casa con un hombre que no era su marido, así que tuvimos que castigarla. Hay límites que no se pueden cruzar», declaró un portavoz.

*¿Mujer?* Era una adolescente, quizá seis años mayor que yo. Sí, se había cruzado un límite. Hombres adultos habían empezado a golpear a adolescentes.

Pronto volvieron los bombardeos. Nos quedábamos todos juntos en el cuarto de estar con una pregunta en la mente: ¿qué clase de paz era ésa?

El documental del *New York Times* había llamado la atención sobre la situación de las jóvenes en Swat y empezamos a recibir mensajes de apoyo procedentes de todo el mundo. Entonces vi lo poderosos que pueden ser los medios de comunicación. Incluso se puso en contacto con nosotros una joven pakistaní de diecinueve años que estudiaba en Stanford, Estados Unidos. Se llamaba Shiza Shahid y desempeñaría un papel importante en nuestra campaña por la educación. Por primera vez sabíamos que nuestra historia estaba siendo escuchada más allá de las fronteras de Pakistán.

\*

El 20 de abril, Sufi Mohammad, el líder del TNSM que había mediado en el acuerdo de paz entre el gobierno y los talibanes (y suegro de Fazlullah), vino a Mingora a pronunciar un discurso. Esa mañana a través de la verja mis hermanos y yo vimos cómo cientos de personas pasaban por delante de nuestra casa de camino a la concentración y a un grupo de jóvenes talibanes con canciones de victoria sonando en los móviles y cantando con entusiasmo. Rápidamente cerramos la puerta del jardín para que no nos vieran. Al final asistió mucha gente, casi cuarenta mil personas. Aunque la concentración tenía lugar muy lejos de nuestra casa, oíamos el zumbido de miles de personas cantando himnos talibanes. Era escalofriante.

Nuestro padre se había marchado aquella mañana para ver la concentración desde la azotea de un edificio próximo. Cuando llegó a casa a última hora, parecía que había envejecido cien años.

El discurso fue decepcionante. Habíamos pensado que Sufi Mohammad pediría a sus seguidores que depusieran las armas, pero, sin embargo, dijo que la democracia era antiislámica y les animó a continuar la lucha. «No les basta con haberse apoderado de Swat —dijo mi padre—. Los talibanes ahora van a por Islamabad.» Incluso entre los propios partidarios de Sufi Mohammad había descontentos por el giro que habían tomado los acontecimientos.

Pocos días después los talibanes entraron en Buner, una ciudad al sur de Swat a poco más de cien kilómetros de la capital. Ahora que la capital estaba en peligro, el ejército organizó un contraataque. De nuevo, Mingora se vio atrapada en medio.

Esta vez mi madre dijo que nos marcharíamos y nos refugiaríamos en Shangla.

# 16

## *Desplazados*

«Ningún pashtún abandona su tierra gustosamente. Se marcha por pobreza o se marcha por amor.» Así dice un famoso *tapa* pashtún, un pareado que me enseñó mi abuela. Ahora nos estaba expulsando otra fuerza que el autor nunca pudo haber imaginado: los talibanes.

Me encontraba en la azotea, mirando las montañas, las callejuelas donde jugábamos al cricket, los melocotoneros que estaban reverdeciendo. Intenté memorizar cada detalle por si no volvía a ver mi hogar.

Entonces bajé e intenté hacer el equipaje. Era un caos. Mis hermanos pedían a mi madre que les permitiera llevarse a sus pollos mascotas y la mujer de mi primo estaba llorando en la cocina. Cuando la vi llorar, yo tampoco pude contener las lágrimas. Mi corazón estaba acongojado, pero a veces, hasta que no veo a alguien llorar, no empiezan a fluir las lágrimas. Corrí a mi habitación e intenté pensar en lo que me iba a llevar. Yo iría en el coche de la familia de Safina, así que no habría mucho sitio. (Un amigo de mi padre llevaba al resto de la familia.) Primero metí mis libros y cuadernos en la mochila del colegio. Eché una última mirada a mis premios y me despedí de ellos. Entonces metí la ropa en una bolsa. Con las prisas, cogí el pantalón de un shalwar kamiz y la blusa de otro, así que acabé llevándome ropa que no pegaba.

Cuando cerré la puerta de mi habitación, quizá por última vez, y entré en la cocina, mi madre estaba diciendo de nuevo a Atal que no podía llevarse los pollos.

Intentó hacerle razonar: «¿Y si ensucian el coche?».

Pero Atal no quería dar su brazo a torcer y sugirió que les comprásemos pañales. Pobre Atal. No tenía más que cinco años y ya había conocido dos guerras en su corta vida. Era un niño; nuestra casa se encontraba en la trayectoria de choque del ejército y los talibanes, y todo lo que a él le preocupaba eran sus pollitos. No podíamos llevárnoslos, por supuesto, y cuando mi madre dijo que teníamos que dejarlos allí con una ración extra de comida y agua, Atal prorrumpió en llanto. Entonces, cuando dijo que yo tampoco podía llevarme los libros escolares, casi lloré también. Amaba mi colegio, y mis libros eran lo único que me importaba. Después de todo, éramos niños, niños con preocupaciones infantiles, aunque se avecinara una guerra.

Escondí los libros en una bolsa en la habitación de invitados, donde me parecía que estarían más seguros, y susurré varios versículos del Corán para protegerlos. Entonces toda la familia nos reunimos y nos despedimos de nuestra casa. Dijimos unas plegarias y pusimos nuestro querido hogar bajo la protección de Dios.

Afuera, las calles rebosaban. Coches y rickshaws, carretas de mulas y camiones, todos cargados con gente, maletas, sacos de arroz y petates. Había motos con familias enteras haciendo equilibrios para mantenerse sobre ellas, y personas corriendo que sólo huían con lo puesto. Poca gente sabía adónde iba; sólo sabía que tenía que marcharse. Dos millones de personas estaban abandonando sus hogares: el mayor éxodo de la historia pashtún.

Mi madre, mis hermanos y yo íbamos a alojarnos con nuestra familia en Shangla. Pero nuestro padre dijo que su deber era ir a Peshawar para alertar a la gente de lo que estaba ocurriendo. A ninguno nos gustaba esta idea, especialmente a mi madre, pero lo comprendimos. Acordamos que él haría parte del viaje con nosotros y que se quedaría en Peshawar.

El viaje, que normalmente se hacía en unas horas, duró dos días. Como no teníamos coche propio y viajábamos con la familia de Safina y el amigo de mi padre, el primer trecho lo hicimos con ellos. Cuando llegamos a Mardan, continuamos solos el viaje y cogimos un autocar hasta el final de su trayecto. Por último, fuimos a pie. Tuvimos que caminar los últimos veinticinco kilómetros cargando con todas nuestras cosas por caminos traicioneros. Casi era de noche y el toque de queda comenzaría en seguida cuando llegamos a la carretera que llevaba a Shangla. Allí nos detuvo un oficial en un puesto de control.

«Toque de queda. Nadie puede pasar», dijo.

«Somos PDI —le dijimos—. Tenemos que llegar a la aldea de nuestra familia.» Pero no estaba dispuesto a dejarnos pasar.

Personas desplazadas internamente. Eso es lo que éramos ahora. No pakistaníes ni pashtunes. Nuestra identidad se había reducido a tres letras: *PDI*.

Suplicamos al oficial y, cuando mi abuela empezó a llorar, por fin accedió a permitir que pasáramos. Sentíamos escalofríos mientras caminábamos los últimos kilómetros en la oscuridad. Temíamos que un vehículo del ejército nos confundiera con terroristas y nos disparara por la espalda.

Finalmente, cuando llegamos a Shangla, nuestros parientes estaban asombrados. Los talibanes acababan de dejar las montañas, pero se rumoreaba que volverían. «¿Por qué habéis venido aquí?», preguntaron.

Para los desplazados no había ningún lugar seguro.

*

Intentamos adaptarnos a la nueva vida en las montañas, pues no sabíamos cuánto tiempo permaneceríamos allí. Me apunté en la misma clase que mi prima Sumbul, que es un año mayor que yo... y entonces me di cuenta de que le tenía que pedir ropa prestada porque había cogido una mezcla de pantalones y túnicas.

Tardábamos más de media hora en llegar caminando al colegio y vi que sólo había tres jóvenes en la clase de Sumbul. La mayoría de las jóvenes de la aldea dejaban de ir a la escuela cuando cumplían diez años, por lo que las pocas que quedábamos estábamos en la misma clase que los niños. Por cierto, provoqué cierto estupor porque no me cubría la cara como las otras niñas y hablaba libremente en la clase y hacía preguntas.

No tardé en aprender una lección sobre las maneras del campo. Ocurrió el segundo día de clase, cuando Sumbul y yo llegamos tarde. Había sido culpa mía —siempre remoloneaba en la cama por la mañana— e intenté explicarlo. El desconcierto que sentí cuando el maestro nos dijo que extendiéramos las manos se transformó en susto cuando nos golpeó las palmas con una vara.

Volví a mi sitio, completamente humillada. Pero cuando se me pasó la vergüenza, me di cuenta de que ese castigo simplemente significaba que me trataban como a los demás.

Me alegraba de estar con mis primas, pero, ay, cuánto echaba de menos mi casa. Y mi antiguo colegio. Y mis libros. E incluso *Ugly Betty*.

La radio era nuestra conexión con el mundo en las montañas y la escuchábamos constantemente. En el mes de mayo, el ejército anunció un día que había enviado paracaidistas a Mingora en previsión de una gran batalla con los talibanes. La lucha se desarrolló por toda la ciudad durante cuatro días.

Era imposible saber quién estaba ganando. Al final, había combates cuerpo a cuerpo en las calles.

Intenté imaginármelo: los talibanes luchando en la callejuela en la que jugábamos al cricket. Soldados del ejército disparando desde las ventanas del hotel.

Por fin, el ejército anunció que los talibanes habían huido. Había destruido Imam Deri, el bastión de Fazlullah. Había tomado el aeropuerto. Al cabo de cuatro semanas el ejército declaró que había recuperado toda la ciudad.

Respiramos un poco más tranquilos, pero nos preguntábamos: ¿adónde se retirarían los talibanes? ¿Volverían a las montañas?

\*

Todo ese tiempo, estábamos muy preocupados por mi padre. Casi era imposible encontrar cobertura para teléfono móvil en las montañas y mi madre a veces tenía que subir a un enorme peñasco en medio del campo sólo para conseguir una barra de señal. Así que casi nunca teníamos noticias suyas.

Estaba en Peshawar, alojado en un hostal con otros tres hombres, trabajando para que los medios de comunicación y las autoridades locales comprendieran lo que había ocurrido en Swat durante todo ese tiempo. Dos semanas después, nos llamó y nos dijo que fuéramos con él a Peshawar.

Lloramos de alegría cuando por fin estuvimos todos juntos de nuevo.

Tenía grandes noticias: Richard Holbrooke, embajador especial de Estados Unidos, iba a celebrar una reunión en Islamabad y estábamos invitados. ¡Pero en la mañana de la reunión nos dormimos! Yo no había puesto bien la alarma y mi padre estaba enfadado conmigo. De todas formas, conseguimos llegar al hotel a tiempo.

En torno a una gran mesa estaban veinte activistas sociales de zonas tribales en guerra de todo el país, y yo me senté junto al embajador.

Holbrooke se volvió para mirarme. «¿Cuántos años tienes?», dijo.

Yo me puse lo más derecha que pude para parecer más alta. «Tengo doce años», respondí. Casi era verdad, pues los cumplía en unos días.

Respiré profundamente. «Respetado embajador, le pido que apoye a las niñas para que podamos educarnos», le dije.

Él se rio: «Tenéis muchos problemas y estamos haciendo mucho por vosotros —repuso—. Hemos destinado miles de millones de dólares a la ayuda económica, estamos trabajando con vuestro gobierno para proporcionaros electricidad y gas, pero vuestro país se enfrenta a muchos problemas».

No entendí por qué se había reído, pero sí comprendí sus palabras. La educación de las niñas no figuraba en la lista de prioridades que Pakistán debía resolver. Mi postura quizá ya no fuera tan erguida. Mi sonrisa quizá se desdibujó un poco. Pero no demostré que estaba decepcionada. Además, para entonces yo ya sabía que la mitad de la batalla estaba ganada accediendo a la televisión para hablar en defensa de la educación de las niñas. Aún quedaba por delante la otra mitad. Y yo seguiría luchando.

Después de nuestra visita a Islamabad, donde también contamos nuestra historia en una conferencia de prensa para que la gente supiera lo que estaba ocurriendo en Swat, no sabíamos adónde iríamos después. Mingora todavía no era segura. Los talibanes se estaban retirando a las montañas de Swat. Así que aceptamos una invitación para quedarnos en Abbottabad. Y la perspectiva mejoró considerablemente cuando me enteré de que Moniba también estaba en Abbottabad. No habíamos hablado desde nuestra pelea antes del último día de colegio, pero seguía siendo mi mejor amiga.

Así que la llamé y la invité a reunirse conmigo en un parque; le llevé una pepsi y galletas como ofrenda de paz.

«Fue culpa tuya», me dijo.

Yo le dije que sí. No me importaba quién tuviera la razón (aunque estaba segura de que yo no había hecho nada malo). Simplemente estaba contenta de que volviéramos a ser amigas.

Entre tanto, mi cumpleaños se aproximaba. Todo el día esperé la celebración, pero, con todo el ajetreo, nadie se acordó. Intenté no sentir pena de mí misma, pero no podía evitar recordar lo distinto que había sido mi último cumpleaños. Hubo globos y yo deseé la paz para nuestro valle.

Cerré los ojos y pedí el mismo deseo para mi duodécimo cumpleaños.

# 17

## *En casa*

Después de pasar tres meses yendo de un sitio a otro, con extraños y parientes, finalmente estábamos de camino a casa. Mientras bajábamos por el paso de montaña y vimos el río Swat, mi padre se echó a llorar. Y cuando vimos en qué estado se encontraba nuestra pobre Mingora, lloramos todos.

Adonde quiera que mirásemos veíamos edificios en ruinas, montones de cascotes, coches quemados y cristales rotos. En las tiendas, habían forzado las persianas metálicas; las ventanas estaban arrancadas, los anaqueles vacíos. Parecía que los edificios estaban marcados por una viruela de agujeros de bala.

Nos sentíamos en una zona de guerra. Los soldados nos escudriñaban desde nidos de ametralladoras en las azoteas, con sus armas apuntando a la calle. Y aunque el gobierno había declarado que era seguro regresar, la mayoría de la población aún tenía demasiado miedo para volver. La estación de autobuses, en la que normalmente reinaba una gran confusión de autocares de colores brillantes y cientos de viajeros, estaba desierta, y en las grietas del pavimento crecían hierbas.

Pero no había signo de los talibanes.

Cuando doblamos la esquina de nuestra calle, nos preparamos para lo peor. Habíamos oído que las casas próximas habían sido desvalijadas; que habían robado los televisores y las joyas. Contuvimos la respiración mientras nuestro padre abría la puerta del jardín. Lo primero que vimos era que se había convertido en una jungla. Mis hermanos fueron inmediatamente a buscar a sus pollos. Volvieron llorando; todo lo que quedaba de ellos era un montón de plumas y huesos. Habían muerto de hambre. Entre tanto, corrí a la habitación de invitados, donde había escondido mis libros. Estaban intactos. Dije una oración de gracias y empecé a hojearlos. Qué contenta estaba de volver a ver mis ecuaciones, mis apuntes de sociales y mi libro de gramática inglesa.

Casi lloré de alegría hasta que me acordé: todavía no sabíamos qué había pasado con nuestro colegio.

\*

«Alguien ha estado aquí», dijo mi padre en cuanto entramos al patio.

El edificio al otro lado de la calle había recibido el impacto de un misil, pero, milagrosamente, el colegio estaba intacto. En el interior, por todas partes había colillas de cigarrillos y envoltorios de comida. Habían volcado sillas y pupitres y todo estaba muy sucio. El cartel de Colegio Khushal estaba en un rincón donde mi padre lo había dejado fuera de la vista. Cuando lo levanté, solté un grito. Debajo había un montón de cabezas de cabras. Tardé un momento en darme cuenta de que eran los restos de la comida de alguien.

En todas las paredes habían escrito eslóganes contra los talibanes. Y en las aulas el suelo estaba lleno de casquillos de bala. En una pizarra habían garabateado ARMY ZINDABAD (Viva el ejército). Entonces supimos quién había estado viviendo allí. Los soldados habían hecho un agujero en la pared del piso de arriba desde el que podían ver la calle. Quizá había sido el puesto de un francotirador. Aunque en un estado penoso, nuestro querido colegio seguía en pie.

Después de inspeccionar los daños en las aulas, mi padre y yo fuimos a su despacho. Allí encontramos una carta que le había dejado el ejército. Culpaba a la población de haber permitido a los talibanes hacerse con el control de Swat.

«Hemos perdido tantas valiosas vidas de nuestros soldados, y todo se debe a vuestra indiferencia. ¡Viva el ejército pakistaní!», decía la carta.

Mi padre se encogió de hombros. «Es típico. La población de Swat primero fue seducida y después asesinada por los talibanes ¡y al final nos echan la culpa por los talibanes!»

Todo era confuso. Yo había querido ser médico, pero, después de todo lo que habíamos pasado, empecé a pensar que líder político sería una opción mejor. Nuestro país tenía muchísimos problemas. Quizá algún día pudiera contribuir a resolverlos.

# 18

## *Una humilde petición y una paz extraña*

Swat por fin estaba en paz. El ejército permaneció allí, pero las tiendas volvieron a abrir, las mujeres iban libremente a los mercados... ¡y yo arrebaté a Malka-e-Noor el primer lugar! Me sentía tan esperanzada sobre el futuro de mi valle que planté una semilla de mango en el jardín. Sabía que tardaría mucho tiempo en dar fruto, como la reconciliación y la reconstrucción que el gobierno había prometido, pero era mi forma de expresar mi esperanza por un futuro de paz duradera en Mingora.

Una de mis principales preocupaciones en aquella época era que por las fechas en que cumplí trece años dejé de crecer. Mientras que antes había sido una de las niñas más altas de mi clase, ahora estaba entre las más bajas. Así que hice una humilde petición. Cada noche rezaba a Alá para que me hiciera más alta y después me medía en la pared de mi habitación con una regla y un lápiz. Cada mañana volvía a medirme para comprobar si había crecido. Incluso prometí que si creía aunque sólo fuera un poquito —un par de centímetros— le ofrecería cien *raakat nafl*, oraciones voluntarias, además de las prescritas diariamente.

Hablaba en numerosos actos, pero me parecía que mi altura me impedía dar una impresión de autoridad. Era tan bajita que a veces me resultaba difícil que la gente me prestara atención.

\*

A principios de 2010, nuestro colegio fue invitado a tomar parte en la Asamblea de Niños del Distrito de Swat, que habían creado Unicef y la Fundación Khpal Kor (Mi hogar) para huérfanos. Fueron elegidos miembros sesenta estudiantes de todo Swat. La mayoría eran chicos, pero participaron once niñas de mi escuela. Y cuando elegimos a un portavoz, ¡yo fui la más votada! Era extraño estar de pie en el estrado y que la gente me llamara «señora portavoz», pero yo me tomaba la responsabilidad muy en serio.

La asamblea se reunió casi mensualmente durante un año, y aprobamos nueve resoluciones. Pedimos la abolición del trabajo infantil. Reclamamos ayuda para que los niños vagabundos y discapacitados pudieran ir a la escuela. Exigimos la reconstrucción de todas las escuelas destruidas por los talibanes. Una vez se acordaban las resoluciones, eran enviadas a las autoridades, que en algunos casos incluso tomaron medidas para aplicarlas. Se nos escuchaba, estábamos marcando la diferencia, y me sentía feliz.

\*

En otoño se levantaron las nubes. Un amigo de mi padre —un hombre que había alzado la voz contra los talibanes— fue emboscado de camino a su casa. Después de aquello, un político que había criticado a los talibanes murió en un atentado suicida. En el verano de 2010 se produjeron lluvias torrenciales, llegó un monzón que inundó el valle y se llevó todo a su paso. En todo el país perdieron la vida más de dos mil personas, millones quedaron sin hogar y siete mil escuelas fueron destruidas.

Nuestra casa estaba situada en una zona alta, por lo que estábamos a salvo de las inundaciones, pero el colegio, a la orilla del río, resultó muy afectado. Cuando las aguas bajaron, por la marca que dejaron en las paredes vimos que habían llegado hasta la altura del pecho. Los pupitres y las sillas estaban cubiertos de cieno maloliente. Las reparaciones serían costosas. En Shangla los daños fueron incluso peores y los líderes religiosos fundamentalistas sugirieron una vez más que Dios había enviado un desastre natural como castigo por los comportamientos antiislámicos.

A principios de 2011 los talibanes volaron dos escuelas más. Secuestraron a tres trabajadores extranjeros de ayuda humanitaria y los asesinaron. Otro amigo de mi padre, rector de la universidad, que había criticado públicamente a los talibanes, fue asesinado por dos pistoleros que irrumpieron en su despacho.

En mayo de ese año mataron a Osama bin Laden, el cerebro que había estado tras el 11-S, en su escondite de Abbottabad, apenas a un tiro de piedra de la academia militar.

Entonces llegó a casa una carta anónima dirigida a mi padre. *Eres hijo de un clérigo religioso, pero no eres un buen musulmán. Has hablado contra nosotros y tendrás que afrontar las consecuencias. Los muyahidines te encontrarán adonde quiera que vayas en toda la tierra.*

Empezaba a dar la impresión de que los talibanes en realidad nunca se habían marchado.

Intenté decirme que aquella terrible carta no era más que el fútil ataque de despedida de un talibán derrotado. Pero, de todas formas, cada día rezaba por la seguridad de mi padre. Rezaba para que mi colegio permaneciera abierto y para que se reconstruyeran los que habían sido volados. También seguía pidiendo a Dios que me hiciera más alta. Si iba a dedicarme a la política y a trabajar por mi país, le dije a Dios, al menos tendría que ser capaz de ver por encima del podio.

Ante el mausoleo de Mohammad Ali Jinnah, el fundador de Pakistán.

Con mi padre en el Palacio Blanco de Swat.

Atentado contra un colegio en Swat.

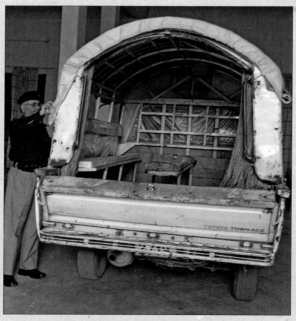

El autobús en el que me dispararon.

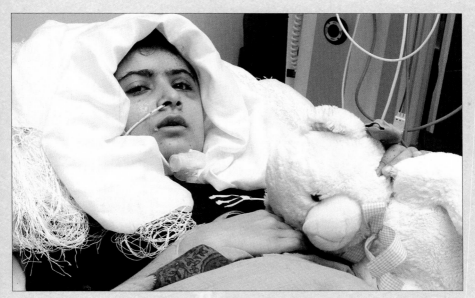

Los primeros días en el hospital de Birmingham.

Recibí cartas y tarjetas en las que personas de todo el mundo me deseaban
que me recuperara.

Leyendo en el hospital.

En el hospital llevaron un diario sobre mí. Ésta fue la primera entrada.

[Queridísima Malala: ¡Assalamu alaykum!
Esta tarde dormiste después de un largo viaje desde Pakistán. Te recité la Sura Yasin,
orando por ti y pidiendo a Alá que te conceda una completa recuperación.
Preferiría no dejarte, pero tengo que volver a casa. Quiero regresar por la mañana para
verte y volver a rezar por ti. ¡Eres la joven más valiente que he conocido en mi vida! Qué
orgullosos deben de estar tus padres de ti – eres un extraordinario honor para ellos…
Rehanah]

Mis amigas me reservan una silla (a la derecha) en el Colegio Khushal.

Con mi padre y Atal en la Kaaba, La Meca.

El día que cumplí dieciséis años hablé ante la ONU, que lo declaró el Día de Malala.

En la ONU con (desde la izquierda) Vuk Jeremić, presidente de la sexagésimo séptima sesión de la Asamblea General; el secretario general Ban Ki-moon y Gordon Brown, enviado especial de la ONU para la educación.

En el campo de refugiados de Zaatari en Jordania con Mazoun, una refugiada siria de quince años y defensora del derecho a la educación.

Rezando por un futuro pacífico y luminoso en compañía de refugiadas sirias.

Con mi padre y Shiza Shahid entregando material escolar a los niños sirios en un asentamiento en Jordania.

Toda la familia en el jardín de nuestro nuevo hogar en Birmingham.

# 19

## *Por fin, buenas noticias*

Un día de octubre de 2011 mi padre me llamó para enseñarme un email que había recibido. Apenas podía dar crédito a lo que ponía: había sido nominada para el premio de la paz internacional de KidsRights, un grupo de defensa de la infancia con sede en Ámsterdam. Mi nombre lo había propuesto el arzobispo Desmond Tutu de Sudáfrica, un gran héroe de mi padre por su lucha contra el *apartheid*.

Entonces llegó otro email: se me invitaba a hablar en una conferencia sobre la educación que se iba a celebrar en Lahore. El ministro de la región estaba creando una nueva red de escuelas y todos los niños recibirían ordenadores portátiles gratuitamente. Iba a conceder premios en metálico a los niños de su provincia que obtuvieran mejores notas en los exámenes. Y, para mi sorpresa, me había concedido un premio por mi campaña en pro de los derechos de las niñas.

Llevé a la gala mi shalwar kamiz rosa favorito y decidí que contaría a todos cómo mis amigas y yo del colegio de niñas habíamos desafiado el edicto talibán y seguido yendo a clase en secreto. Quería que los niños de todas partes valorasen su formación, así que dije que conocía de primera mano el sufrimiento de millones de niños a los que se priva del derecho a la educación. «Pero —dije a la audiencia— las niñas de Swat no temíamos y no tememos a nadie.»

Apenas llevaba en casa una semana cuando una de mis amigas llegó a clase corriendo un día y anunció que había obtenido otro premio. El gobierno me había concedido el primer Premio Nacional de la Paz de Pakistán. No podía dar crédito. Fueron tantos periodistas al colegio que parecía una casa de locos.

Llegó el día de la ceremonia de entrega del premio y yo seguía sin crecer ni un centímetro, pero estaba decidida a no amilanarme. Cuando el primer ministro me entregó el premio, yo le entregué a él una lista de reivindicaciones, incluidas la de que reconstruyera las escuelas que Fazlullah había volado y creara una universidad femenina en Swat. Esto confirmó mi decisión de dedicarme a la política: así no tendría que pedir ayuda a los demás y podría hacer las cosas yo misma.

Cuando se anunció que el premio se concedería anualmente y que llevaría el nombre de Premio Malala en mi honor, observé que mi padre frunció el ceño. En la tradición de nuestro país no honramos a las personas mientras están vivas, sino cuando ya han muerto. Era un poco supersticioso y le pareció un mal presagio.

Mis hermanos, por supuesto, no estaban impresionados. Todavía se peleaban conmigo, me hacían rabiar y me intentaban quitar el mando a distancia. Puede que empezase a ser conocida en el mundo, pero para ellos era la Malala de siempre.

Sin embargo, me pregunté cómo se tomarían mis amigas toda esa publicidad. Éramos un grupo muy competitivo, después de todo. Y, por supuesto, habría que ver cómo reaccionaría Moniba. Me preocupaba que creyese que la había abandonado durante mis viajes, o que ahora su mejor amiga fuera otra niña. Pero en el primer día de vuelta al colegio no hubo tiempo para pensar en esto. Cuando llegué, me dijeron que había un grupo de periodistas esperando para entrevistarme. Al entrar en el aula, vi a todas mis amigas reunidas alrededor de un pastel gritando «¡Sorpresa!». Habían hecho una colecta y comprado un pastel blanco en el que estaba escrito ¡ÉXITO SIEMPRE! con glaseado de chocolate.

Mis queridas amigas no podían ser más generosas y sólo querían compartir mi éxito. Yo sabía en mi fuero interno que cualquiera de nosotras podía haber conseguido lo mismo que yo; era afortunada por tener unos padres que me habían apoyado a pesar del miedo que sentíamos.

«Ahora volvamos al trabajo —dijo la señorita Maryam, cuando acabamos el bizcocho—. ¡Exámenes en marzo!»

# PARTE CUARTA
## *En el punto de mira*

## 20

## *Me amenazan de muerte*

Un día, a comienzos de 2012, nos encontrábamos en Karachi invitados por GEO TV y una periodista pakistaní que vivía en Alaska vino a visitarnos; había visto el vídeo del *New York Times* y quería conocerme. También quería decir algo a mi padre en privado.

Me di cuenta de que se le saltaban las lágrimas; entonces ella y mi padre se dirigieron al ordenador. Parecían preocupados y rápidamente cerraron lo que habían estado mirando.

Poco después sonó el teléfono de mi padre. Se marchó a hablar fuera y volvió con un aspecto sombrío. «¿Qué ocurre? —pregunté—. Me estás ocultando algo.»

Siempre me había tratado como a un igual, pero era evidente que estaba intentando decidir si me protegía de lo que quiera que fuese o me lo decía. Suspiró profundamente y me enseñó lo que había estado viendo en el ordenador.

Googleó mi nombre. Malala Yousafzai, decían los talibanes, «debe morir».

Ahí estaba, en negro sobre blanco. Me amenazaban de muerte.

Creo que había sabido que ese momento llegaría algún día, y había llegado. Recordé aquellas mañanas de 2009, cuando el colegió volvió a abrir sus puertas y yo tenía que ocultar los libros bajo el velo. Entonces estaba tan nerviosa... Pero había cambiado. Era tres años mayor. Había viajado y pronunciado discursos y recibido premios. Habían hecho un llamamiento a mi muerte —una invitación de un terrorista a otro: «Vamos, mátala»—, y yo estaba completamente tranquila. Era como si estuviera leyendo aquello sobre otra persona.

Miré de nuevo el mensaje en la pantalla. Entonces cerré el ordenador y no volví a ver esas palabras. Había ocurrido lo peor. Estaba en el punto de mira de los talibanes. Ahora tenía que volver a ocuparme de lo que debía hacer.

Aunque yo estaba tranquila, mi querido padre estaba a punto de llorar. «¿Estás bien, *jani?*», dijo.

«*Aba* —repuse, tratando de tranquilizarlo—, todos sabemos que algún día vamos a morir. Nadie puede detener a la muerte, venga de un talibán o del cáncer.»

Pero él no estaba convencido. «Quizá deberíamos detener nuestra campaña. Quizá deberíamos dedicarnos a hibernar por algún tiempo», dijo. Nunca había visto tan hundido a mi orgulloso y valiente padre pashtún. Y sabía por qué. Él ya sabía que estaba en el punto de mira de los talibanes. Siempre había dicho: «Que me maten. Moriré por aquello en lo que creo». Pero nunca había imaginado que los talibanes dirigirían su ira a una niña. A mí.

Miré a mi apesadumbrado padre y supe que él apoyaría la decisión que yo tomase. Pero no había ninguna decisión que tomar. Era mi vocación. En mi interior anidaba una fuerza poderosa, algo más grande y más fuerte que yo, que me impedía tener miedo. Ahora me tocaba a mí infundir a mi padre algo del valor que él siempre me había transmitido.

«*Aba* —dije—, tú eras el que decía que, si creemos en algo que es más grande que nuestras vidas, nuestras voces se multiplicarán, aunque estemos muertos. No podemos dejarlo ahora.»

Él comprendió, pero dijo que debíamos tener cuidado en lo que decíamos y a quién se lo decíamos.

No obstante, de camino a casa me pregunté qué haría si un talibán viniera a matarme.

Bueno, me quitaría un zapato y le golpearía con él.

Entonces pensé: *Si golpeas a un talibán con un zapato, no habrá ninguna diferencia entre él y tú. No debes tratar a los demás con crueldad. Debes combatirlos con la paz y el diálogo.*

«Malala —me dije—, simplemente dile lo que piensas. Que quieres seguir tus estudios. Por ti misma. Por todas las niñas. Por su hermana, por su hija. Por él.»

Eso es lo que haría. Después, le diría: «Ahora puedes hacer lo que quieras».

# 21

## *La promesa de la primavera*

En primavera nuestro valle había empezado a calentarse, los álamos reverdecían y en mi propia casa se había producido un pequeño milagro en la campaña por la educación. Mi madre estaba aprendiendo a leer.

Mientras mi padre y yo recorríamos Swat hablando en defensa de las jóvenes de nuestro valle, mi madre había empezado a trabajar con una de las maestras de la escuela primaria Khushal. Siempre que la señorita Ulfat tenía un hueco entre las clases, mi madre iba a verla, con una libreta y un lápiz en la mano, hasta que, poco a poco, los extraños garabatos y símbolos de la página empezaron a revelar su significado. Pronto supo leer en urdu y empezó a aprender inglés.

A mi madre le gustaba hacer los deberes incluso más que a mí, si es que tal cosa era posible. Mi padre decía que era porque se le había privado de la educación durante tanto tiempo. Por las tardes, muchas veces hacíamos los deberes juntas mientras tomábamos té: dos generaciones de mujeres pashtunes felizmente inclinadas sobre sus libros.

Entre tanto, mi propio trabajo estaba un poco descuidado debido a mis viajes. Aunque me costara creerlo, Malka-e-Noor había sido la primera en el curso anterior. Y, por supuesto, Khushal aprovechó la oportunidad para burlarse de mí. «Mientras estabas tan ocupada convirtiéndote en la estudiante más famosa de Pakistán, tu rival te arrebató la corona en casa», me dijo.

Pero eso no tenía tanta importancia. Mis amigas y yo estábamos entusiasmadas: los exámenes finales por fin habían terminado y nuestra clase estaba a punto de hacer su primera excursión en varios años. En la época de Fazlullah se habían cancelado todas las excursiones porque las jóvenes no debíamos ser vistas en público. Ahora, por fin, recuperábamos nuestro querido ritual de primavera.

Fuimos en autobús hasta el famoso Palacio Blanco, una maravilla construida en mármol blanco, tan etéreo que flotaba como una nuble. Mis amigas y yo contemplábamos admiradas sus estancias y jardines. Después nos dedicamos a correr y a perseguirnos por el espeso bosque. Entonces llegamos a una cascada de agua cristalina y todas posamos para fotografiarnos.

Empezamos a salpicarnos. Las gotas de agua iluminaban el aire como diamantes. Era una de las cosas más hermosas que había visto nunca y durante un rato permanecimos allí como en sueños, simplemente escuchando el agua.

Entonces Moniba empezó a salpicarme otra vez. Yo no estaba de humor para eso y le dije que lo dejara. Pero ella siguió. Mi padre me llamó y fui a ver qué quería. Cuando regresé, Moniba estaba enfadada porque me hubiera marchado. De nuevo, nuestra típica insensatez puso una nota de tristeza en el día. Volvimos a casa sin hablarnos, en asientos separados en el autobús.

A la mañana siguiente, un hombre se presentó ante nuestra puerta con una carta fotocopiada. Cuando mi padre nos la leyó, se puso pálido.

*Queridos hermanos musulmanes,*
*Hay un colegio, el Khushal... que es un centro de vulgaridad y obscenidad. Llevan a las niñas de excursión a distintos lugares. Id a preguntar al director del hotel Palacio Blanco y él os dirá lo que hicieron esas niñas...*

Dejó la hoja de papel. «No lleva firma», dijo. Nos quedamos atónitos. Sabíamos que en nuestra excursión no había ocurrido nada inmoral.

El teléfono empezó a sonar. Al parecer, habían distribuido las cartas por todas partes y las habían pegado en las paredes de la mezquita próxima a nuestra escuela.

Estaba claro que alguien nos había espiado durante la excursión.

Y alguien se había tomado grandes molestias para difundir mentiras sobre nosotras y nuestro colegio. Era evidente: aunque los talibanes hubieran sido derrotados, sus creencias estaban por doquier.

# 22

## *Augurios*

Aquel verano cumplí quince años. A muchas jóvenes ya se las ha casado a esa edad. Y muchos chicos ya han dejado el colegio para ayudar a sus familias. Yo era afortunada. Continuaría estudiando mientras lo desease. Y mientras hubiera paz... mejor dicho, una paz relativa. Ya sólo estallaban dos o tres bombas al año, y podías pasar por la Plaza Verde sin ver el resultado de una matanza de los talibanes. Pero la verdadera paz seguía pareciendo un recuerdo, o una esperanza.

Me pareció que aquel cumpleaños iba a ser decisivo para mí. Ya se me consideraba adulta: en nuestra sociedad eso ocurre a los catorce años. Pero había llegado el momento de examinar la situación, de pensar sobre mi futuro. Estaba segura de que quería dedicarme a la política. Sabía que la palabra «política» estaba un tanto manchada, pero yo sería distinta. Yo haría las cosas sobre las que los políticos se limitaban a hablar. Y comenzaría con la educación, especialmente la educación de las niñas. El hecho de que yo ya no tuviera que luchar para ir al colegio no significaba que hubiera perdido interés en la causa.

Me habían concedido un montón de premios y me empezaba a parecer que era demasiado. Que no lo merecía. Veía que tantos niños seguían sufriendo... ¿Por qué estaba yo disfrutando de galas y ceremonias? Dije a mi padre que quería gastar parte del dinero que había recibido ayudando a personas que lo necesitaran. Nunca había olvidado a los niños que vi recogiendo basura hacía ya años. Quería ayudar a niños como aquéllos. Así que decidí crear una fundación educativa. Organicé una reunión con veintiuna compañeras del colegio y vimos cómo podríamos contribuir a la escolarización de cada niña de Swat. Decidimos que nos centraríamos en los niños vagabundos y trabajadores. Planeamos seguir discutiéndolo y, en el otoño, decidir qué haríamos exactamente.

*

A principios de agosto mi padre recibió una noticia alarmante. Uno de sus mejores amigos, Zahid Khan, había sufrido un atentado. Como mi padre, se había opuesto públicamente a los talibanes. Una noche le habían disparado a quemarropa en la cara cuando volvía de la mezquita a casa.

Al oír la noticia mi padre cayó de rodillas; fue como si le hubieran disparado *a él*.

«Los dos estábamos en la lista de los talibanes —confesó finalmente a mi madre—. La gente se preguntaba cuál de nosotros sería el primero.»

Aunque nos habían dicho que los talibanes habían huido, seguía habiendo violencia en el valle. Mientras que antes estaba en peligro cualquiera que hubiera quedado atrapado en el fuego cruzado, ahora la amenaza se dirigía principalmente hacia aquellos que habían alzado la voz contra los talibanes en el pasado y que seguían haciendo campaña en pro de la paz.

Milagrosamente, Zahid Khan sobrevivió. Sin embargo, después de aquello percibí un cambio en mi padre. Empezó a cambiar su rutina diaria. Un día iba primero a la escuela primaria; al día siguiente, al colegio de niñas, y, al otro, al de niños. Y, antes de entrar, miraba a ambos lados de la calle cuatro o cinco veces para asegurarse de que no le seguían.

Por la noche venía a mi habitación con el pretexto de darme las buenas noches, pero en realidad se dedicaba a comprobar que todas mis ventanas estuvieran bien cerradas. Yo sabía lo que estaba haciendo y le decía: «*Aba,* ¿por qué has cerrado las ventanas?».

Respondía: «*Jani,* las he cerrado porque quiero que estés segura».

«Si los talibanes hubieran querido matarme —le dije—, lo habrían hecho en 2009. Ése fue su momento.»

Entonces sacudía la cabeza y me decía: «No, tienes que estar segura».

Mi habitación, que se encontraba en la parte delantera de la casa, era grande y tenía muchas ventanas. A veces temía que alguien pudiera trepar por el muro exterior y entrar en mi cuarto. También me preocupaba que nos hubiéramos dejado la puerta del jardín sin cerrar. Así que cuando el resto de la familia dormía, salía a hurtadillas y echaba el cerrojo.

Después de aquel otoño ocurrieron cosas extrañas. Se presentaron en casa desconocidos que hacían preguntas a mi padre sobre sus amigos y su familia. Mi padre me dijo que eran de los servicios de inteligencia. A veces venían al colegio y husmeaban por allí.

También hubo pequeños incidentes. Una profesora llegó al colegio completamente alterada porque había tenido una pesadilla sobre mí. «Estabas malherida —me explicó—. Tenías las piernas ardiendo.» Y un retrato mío que estaba colgado en una pared de nuestra casa apareció torcido una mañana. Mi padre, el hombre más amable que conozco, se molestó mucho. «Por favor, ponlo derecho», pidió a mi madre con brusquedad.

Yo también había empezado a tener pesadillas. Sueños en que hombres me arrojaban ácido a la cara. Sueños en que de repente surgían hombres junto a mí como de la nada. A veces creía oír pisadas cuando iba por la callejuela que había junto a nuestra casa. Y a veces imaginaba figuras que se deslizaban en las sombras cuando pasaba.

Y empecé a pesar en la muerte, a preguntarme cómo sería.

No hablé a mis padres de mis sueños y temores, ni tampoco a Moniba. No quería que nadie se preocupara.

# 23

## *Un día como cualquier otro*

El segundo martes de octubre comenzó como cualquier otro. Yo llegaba tarde, como siempre, porque me había dormido, como siempre. Después de hablar con Moniba, me había quedado hasta muy tarde estudiando para el examen final de historia y cultura de Pakistán. Mi examen de física había sido decepcionante, por lo que tendría que sacar la máxima nota en éste si quería recuperar el puesto de primera de la clase que ahora tenía Malka-e-Noor. Era una cuestión de orgullo personal. También tenía un interés más concreto: si no era la primera, Khushal nunca dejaría de recordármelo.

Me tomé a toda prisa un trozo de huevo frito y chapati con el té y corrí hacia la puerta justo a tiempo para coger el autobús que iba lleno de niñas al colegio. Aquella mañana estaba contenta, inexplicablemente feliz. Antes de marcharme, mi padre había estado bromeando con Atal, diciéndole que podría ser mi secretario cuando me convirtiese en primera ministra. Por supuesto, Atal dijo que no, que él sería primer ministro y yo sería su secretaria.

Parecía que todo iba bien en mi vida. Mi madre estaba aprendiendo a leer. Yo estaba de camino al colegio que tanto me gustaba. Y Moniba y yo nos habíamos reconciliado. Me dije que debía dejar de preocuparme por Malka-e-Noor y simplemente trabajar duro. También pensé que debía dar gracias a Dios por todo lo que tenía. Y así lo hice. Susurré una oración de gracias antes de dar un último repaso rápido. *Ah, y, Dios, por favor, no te olvides de concederme el primer lugar, ya que he estudiado tanto.*

Cuando más rezaba era durante los exámenes. Normalmente no rezaba «puntualmente», lo que significa cinco oraciones al día, nuestra obligación religiosa. Pero en esta época del año mis amigas y yo no nos saltábamos ninguna oración. Yo pedía ayuda en los exámenes o para ser la primera de la clase. Pero los profesores siempre nos decían: «Dios no os concederá buenas notas si no os esforzáis. Dios nos colma de bendiciones, pero también es honesto». Así que estudiaba mucho.

*

La mañana del examen pasó y yo estaba bastante segura de que me había salido bien. Moniba propuso entonces que esperásemos al segundo viaje, como hacíamos tantas veces, para quedarnos a charlar antes de volver a casa.

Cuando llegó el *dyna,* busqué a mi hermano Atal con la mirada. Mi madre le había dicho que volviera a casa conmigo ese día.

Pero en seguida me distrajeron mis amigas, que habían rodeado al conductor para ver cómo hacía desaparecer un guijarro con un truco de magia. Por mucho que lo intentábamos, nunca podíamos adivinar cómo lo hacía. Me olvidé de Atal cuando subimos al autobús. Nos apretujamos todas en nuestros sitios habituales; en total éramos unas veinte. Moniba se sentaba a mi lado, y nuestras amigas frente a nosotras, en otro banco. Una niña más pequeña llamada Hina se sentó junto a mí al otro lado, el sitio que solía ocupar mi amiga Shazia, lo que obligó a ésta a sentarse en el centro, donde solemos poner las mochilas. Shazia parecía muy descontenta y pedí a Hina que le cambiara el sitio.

Cuando el autobús estaba a punto de salir, Atal llegó corriendo. Las puertas ya estaban cerradas pero saltó a la rampa de acceso en la parte de atrás. Éste era un nuevo truco suyo: volver a casa colgado de la rampa. Era peligroso y el conductor ya estaba harto.

«Siéntate dentro, Atal», le dijo.

Pero Atal no se movió.

«Siéntate dentro con las chicas, Atal Khan Yousafzai, o no te llevo», dijo el conductor, esta vez más enérgicamente.

Atal gritó que prefería ir caminando a casa antes que sentarse con las chicas. Saltó y se marchó corriendo enfadado.

Dentro del *dyna* hacía un calor pegajoso mientras avanzábamos a trompicones por las calles atestadas de tráfico de Mingora en hora punta, y una de las chicas empezó a cantar para pasar el tiempo. El aire traía el familiar olor a diésel, pan y kebab mezclado con el hedor del río al que la gente arrojaba la basura. Como siempre, giramos a la derecha de la carretera principal en el puesto de control del ejército y pasamos por delante de un cártel en el que ponía TERRORISTAS BUSCADOS.

Justo cuando pasamos por la fábrica de dulces, la carretera se quedó extrañamente tranquila y el autobús frenó. No recuerdo al joven que nos detuvo y preguntó al conductor si aquél era el autobús del Colegio Khushal. No recuerdo al otro joven que se sujetó a la rampa de la parte trasera, donde todas íbamos sentadas. Nunca le oí preguntar: «¿Quién es Malala?». Y no oí el *bang, bang, bang* de los tres disparos.

Lo último que recuerdo es que pensé en mi examen del día siguiente. Después, todo se volvió negro.

# PARTE QUINTA
## *Una nueva vida lejos de casa*

## 24

# *Un lugar llamado Birmingham*

Cuando me desperté el 16 de octubre, había muchas personas a mi alrededor. Todas tenían cuatro ojos, dos narices y dos bocas. Pestañeé, pero no sirvió de nada. Veía todo doble.

Lo primero que pensé fue *Gracias a Dios, no estoy muerta.*

Pero no sabía dónde estaba ni quiénes eran aquellas personas.

Hablaban inglés, aunque parecían ser de distintos países. Intenté hablar, puesto que sabía inglés, pero no articulé ningún sonido. Me habían introducido una especie de tubo en la garganta, un tubo que me había robado la voz.

Estaba en una cama alta y por todas partes veía complicadas máquinas que emitían pitidos y zumbidos. Entonces comprendí. Estaba en un hospital.

El corazón se me encogió de pánico. Si me encontraba en un hospital, ¿dónde estaban mis padres? ¿Estaba herido mi padre? ¿Estaba vivo? Sabía que me había ocurrido algo malo. Pero estaba segura de que también le había ocurrido algo a mi padre.

Una amable señora con la cabeza cubierta con un pañuelo se acercó a mí. Me dijo que su nombre era Rehanah y que era la capellán musulmana. Empezó a rezar en urdu. Al instante me sentí tranquila, aliviada y segura. Mientras escuchaba las maravillosas y tranquilizadoras palabras del Corán, cerré los ojos y me desvanecí.

\*

Cuando volví a abrir los ojos, vi que estaba en una habitación verde sin ventanas y con una luz muy intensa. La amable mujer musulmana se había ido, pero estaban a mi lado un médico y una enfermera.

El médico me habló en urdu. Su voz sonaba extrañamente amortiguada, como si me hablara desde muy lejos. Me dijo que estaba a salvo y que me había traído desde Pakistán. Traté de hablar pero no pude, así que intenté trazar letras en mi mano, pensando que podría escribir una pregunta. La enfermera salió y volvió con un papel y un bolígrafo, pero no lograba escribir bien. Quería darles el teléfono de mi padre. Quería escribir una pregunta, pero todo me salía confuso. Así que la enfermera escribió el alfabeto en un papel y yo señalaba las letras.

La primera palabra que deletreé fue *padre*. Después, *país*. ¿Dónde estaba mi padre? Y ¿en qué país estaba yo?

Aún me resultaba difícil percibir la voz del médico, pero me pareció que decía que me encontraba en un lugar llamado Birmingham. No sabía dónde estaba. Sólo más tarde me enteré de que estaba en Inglaterra.

No había dicho nada sobre mi padre. ¿Por qué no? Algo le había ocurrido. Ésa era la única razón que podía haber. Me figuraba que aquel médico me había encontrado en una cuneta y que no sabía que mi padre también estaba herido. O que no sabía cómo encontrar a mi padre. Quería darle su número de teléfono para que pudiera decirle: «Su hija está aquí».

Me moví un poco para volver a escribir *padre* y sentí que me traspasaba la cabeza un dolor lacerante. Era como si tuviera en el cerebro cientos de cuchillas girando en todas direcciones. Intenté tomar aire. Entonces, una enfermera se inclinó y me pasó por el oído izquierdo una gasa que retiró manchada de sangre. Me sangraba el oído. ¿Qué significaba eso? Intenté levantar la mano para tocarlo, pero me di cuenta, como desde la distancia, de que la mano no me respondía. ¿Qué me había ocurrido?

Entraban y salían médicos y enfermeras. Nadie me dijo nada. En cambio, me hacían preguntas. Yo asentía y negaba con la cabeza. Me preguntaron si sabía cómo me llamaba. Asentí. Me preguntaron si podía mover la mano izquierda. Indiqué que no. Tenían tantas preguntas... y sin embargo nadie respondía a las mías.

Todo era excesivo. Las preguntas, el dolor en la cabeza, la preocupación por mi padre. Cuando cerraba los ojos, no veía oscuridad sino una luz brillante, como si bajo mis párpados luciera el sol. Fluctuaba entre la consciencia y la inconsciencia, pero nunca me sentía como si hubiera dormido. Sólo había prolongados periodos de vigilia, con la cabeza llena de dolor e interrogantes, y después, nada.

\*

Me encontraba en un cubículo de cuidados intensivos y no tenía ventanas, por lo que nunca sabía si era de día o de noche. Sólo sabía que nadie había respondido a mi pregunta constante. ¿Dónde estaba mi padre?

Más adelante, una nueva pregunta se sumó a ésa cuando miré la habitación y el complicado equipo médico: ¿quién va a pagar esto?

Una mujer entró en la habitación y me dijo que era la doctora Fiona Reynolds. Me hablaba como si fuéramos viejas amigas. Me dio un osito de peluche verde —que me pareció un color extraño para un peluche— y una libreta rosa. Lo primero que escribí fue *Gracias*.

Entonces escribí *¿Por qué no tengo padre?*

Y *Mi padre no tiene dinero. ¿Quién va a pagar esto?*

«Tu padre está a salvo —respondió—. Está en Pakistán. No te preocupes por el dinero.»

Si mi padre estaba bien, ¿por qué no estaba allí? Y ¿dónde estaba mi madre?

Tenía más preguntas para la doctora Fiona, pero las palabras que necesitaba no me venían a la mente. Ella parecía entenderlo. «Te ha ocurrido algo malo —dijo—. Pero ahora estás a salvo.»

¿Qué había ocurrido? Intenté recordar. Toda suerte de imágenes flotaban por mi cabeza. No sabía qué era real y qué era un sueño.

Estoy en un autobús con mi padre y dos hombres nos disparan.

Veo a muchas personas a mi alrededor mientras estoy en una cama, o quizá en una camilla. No veo a mi padre y trato de gritar *¿Dónde está* aba, *dónde está mi padre?* Pero no puedo hablar. Y entonces le veo y siento alegría y alivio.

Me parece que alguien flota por encima de mí, un hombre que tiene las manos sobre mi cuello, como para ahogarme.

Estoy en una camilla y mi padre trata de alcanzarme.

Trato de despertar, ir al colegio, pero no puedo. Entonces veo mi colegio y a mis amigas, pero no puedo ir con ellas.

Veo a un hombre de negro que me apunta con un arma.

Veo a médicos que intentan introducirme un tubo en la garganta.

Me digo a mí misma *Estás muerta*. Pero entonces me doy cuenta de que todavía no ha venido el ángel a hacer las preguntas que los musulmanes escuchan al morir: *¿Quién es tu Dios? ¿Quién es tu profeta?* Así que no puedo estar muerta, y lucho y me debato y forcejeo e intento despertar de esta terrible pesadilla.

Estas imágenes parecían muy reales; sin embargo, yo sabía que no podían serlo. Pero de alguna forma yo había acabado en ese lugar llamado Birmingham, en una habitación llena de máquinas, sola con aquel osito verde a mi lado.

## 25

## *Problemas, soluciones*

En aquellos primeros días en el hospital mi mente flotaba entre el delirio y la realidad. Creía que me habían disparado, pero no estaba segura: ¿eran sueños o recuerdos?

Tampoco podía recordar las palabras. Escribí a las enfermeras que me dieran *un alambre para limpiarme los dientes*. Sentía punzadas constantes en la cabeza; veía doble; apenas podía oír: no podía mover el brazo izquierdo ni cerrar el ojo izquierdo, pero por alguna razón todo lo que quería era limpiarme los dientes.

«Tus dientes están bien —me dijeron los médicos—. Pero tienes la lengua entumecida.» Traté de negar con la cabeza. No, quería explicarles que tenía algo pegado entre los dientes. Pero mover la cabeza me provocaba el dolor de las cuchillas, así que no me moví. No podía convencerles. Y ellos no podían convencerme a mí.

Vi que mi peluche verde había desaparecido. Ahora tenía uno blanco. Sentía un cariño especial por el verde, pues había estado a mi lado el primer día; me había ayudado.

Cogí la libreta y escribí *¿Dónde está el osito verde?*

Nadie me dio la respuesta que quería. Decían que era el mismo peluche que había tenido desde el principio. Las luces y las paredes le habían dado una tonalidad verde, pero era blanco, decían. Siempre había sido blanco.

Por otra parte, las intensas luces de mi habitación me torturaban, eran como dagas ardiendo en los ojos, especialmente en mi pobre ojo izquierdo, que no podía cerrar. *Paren las luces*, pedí en la libreta.

Las enfermeras hicieron lo que pudieron para oscurecer la habitación, pero en cuento el dolor se aliviaba, mis pensamientos volvían a mi padre. *¿Mi padre?*, escribí otra vez. Cuando no te puedes mover, no puedes oír y no puedes ver bien, tu mente divaga y divaga... y la mía no dejaba de volver a la misma cuestión: ¿dónde estaba mi padre?

*

Cada vez que un doctor o una enfermera distintos venían a mi habitación a cambiarme una manta o examinarme la vista, les mostraba la libreta y señalaba las preguntas sobre mi padre. Todos decían que no me preocupara.

Pero yo me preocupaba. No podía evitarlo.

También me obsesionaba cómo pagaríamos todo aquello. Siempre que veía a los médicos y enfermeras hablando entre sí, estaba segura de que decían: «Malala no tiene dinero. Malala no puede pagar su tratamiento». Había un médico que siempre parecía apesadumbrado, así que le escribí una nota. *¿Por qué esta triste?* Yo creía que era porque sabía que no podía pagar. Pero él me respondió: «No estoy triste».

«*¿Quién va a pagar? No tenemos dinero*», escribí.

«No te preocupes. Tu gobierno va a pagar», dijo. Después de eso, siempre sonreía cada vez que me veía.

Entonces se apoderó de mí una nueva preocupación. ¿Sabían mis padres dónde estaba? Quizá estaban buscándome por las calles y callejuelas de Mingora. Pero soy una persona positiva y, por lo tanto, cuando veo los problemas, siempre pienso en las soluciones. Así que pensé que iría a la recepción del hospital y pediría un teléfono para llamar a mis padres.

Entonces me di cuenta de que no tenía dinero para pagar una llamada tan cara. Ni siquiera sabía los prefijos de Pakistán desde allí. Entonces pensé *Tengo que salir y empezar a trabajar para ganar dinero y comprar un teléfono para llamar a mi familia y volver a estar juntos de nuevo.*

\*

La doctora Fiona entró en mi habitación y me enseñó un recorte de periódico. Era una foto de mi padre junto al jefe del Estado Mayor del ejército de Pakistán. ¡Mi padre estaba vivo! Y, al fondo, ¡estaba Atal!

Sonreí. Me había ocurrido algo malo. Pero estaba viva y ahora sabía que mi padre también lo estaba. Tenía razones para sentirme agradecida.

Entonces, junto a mi hermano, vi una figura cubierta con un velo. Distinguí los pies. ¡Eran los pies de mi madre!

*¡Ésa es mi madre!*, escribí a la doctora Fiona.

Esa noche dormí un poco mejor. Pero tuve sueños extraños. Soñé que estaba en una cama rodeada de gente. Soñé que me disparaban. Soñé que explotaba una bomba. Me despertaba y buscaba con la mirada el osito verde. Pero el único que tenía allí era el blanco.

Ahora que sabía que mi familia estaba bien, me pasaba el tiempo preocupándome por quién pagaría mi tratamiento. Evidentemente, mi padre no había venido porque estaba vendiendo nuestras pocas propiedades para pagar todo esto. Nuestra casa era alquilada; el edificio del colegio, también. Incluso si vendía todo lo que teníamos, nunca sería suficiente. ¿Estaba consiguiendo dinero prestado? ¿Estaba visitando a sus amigos para pedirles un préstamo?

Aquel día, más tarde, el hombre que me había hablado en urdu, el doctor Javid Kayani, llegó con su teléfono móvil: «Vamos a llamar a tus padres», me dijo sin más preámbulos.

No podía creerlo.

«No tienes que llorar —me dijo con firmeza—. No tienes que llorar. Debes ser fuerte. No queremos que tu familia se angustie.»

Asentí. No había llorado desde el día en que llegué. Mi ojo izquierdo lagrimeaba constantemente, pero yo no había llorado.

Después de una serie de ruiditos y pitidos, escuché la querida y familiar voz de mi padre. «¿*Jani?* —dijo—. ¿Cómo te sientes, mi *jani*?»

No podía responder a causa del tubo en la garganta. Y no podía sonreír porque tenía la cara entumecida. Pero estaba sonriendo por dentro y mi padre lo sabía.

«Iré pronto —dijo mi padre—. Ahora descansa, y en dos días estaremos allí».

Su voz sonaba alta y animada. Quizá demasiado animada.

Entonces me di cuenta: a él también le habían dicho que no llorara.

## 26

## *Cien preguntas*

Escribí una nueva nota en mi libreta rosa. *Espejo.*

Cuando las enfermeras me trajeron un pequeño espejo blanco, lo que vi me dejó atónita. Tenía afeitada la mitad de la cabeza y mi largo pelo había desaparecido. La ceja izquierda estaba cubierta de puntos. Alrededor del ojo izquierdo tenía un gran hematoma amarillento. Tenía la cara hinchada como un melón. Y la comisura izquierda de la boca colgaba hacia abajo, como con desaprobación.

¿Quién era esta pobre y deformada Malala? Y ¿qué le había ocurrido?

Estaba confusa, pero no angustiada. Sólo curiosa. Y no sabía cómo expresar lo que sentía.

*Ahora mi pelo es pequeño* fue todo lo que pude escribir.

¿Me habían afeitado la cabeza los talibanes?, me pregunté.

*¿Cmo esto a mí?*, escribí con letras temblorosas. *¿Qué me ha ocurrido?*

La doctora Fiona dijo lo que siempre decía: «Te ha ocurrido algo malo, pero estás a salvo».

Sin embargo, esta vez no fue suficiente. Señalé mis palabras.

*¿Me dispararon?*, escribí. No podía mover el lápiz con la suficiente rapidez para escribir todas las preguntas que se me ocurrían. ¿Estaba herido alguien más?, me preguntaba. ¿Había estallado una bomba?

Me impacientaban mi cabeza dolorida, mi mala memoria y el tubo que me impedía hablar. Empecé a agitarme. Saldría de allí y buscaría un ordenador para consultar mis emails y preguntar a alguien qué había ocurrido. Vi el móvil que la doctora Fiona llevaba en el cinturón y le mostré con un ademán que lo quería: hice como si marcara en la palma de mi mano y después me llevé el «teléfono» al oído.

La doctora Fiona me puso la mano suavemente en la muñeca y suspiró. Entonces habló lenta y calmadamente. «Te dispararon —dijo—. En el autobús, al volver del colegio.»

Así que lo hicieron, pensé. Los talibanes hicieron lo que habían dicho que harían. Estaba furiosa. No porque me hubieran disparado, sino porque no había tenido la oportunidad de hablarles. Ahora nunca escucharían lo que les iba a decir.

«Otras dos niñas resultaron heridas —dijo la doctora Fiona—. Pero se encuentran bien. Shazia y Kainat».

No reconocí esos nombres. O, si lo hice, no me acordaba de quiénes eran esas niñas.

Me explicó que la bala me había rozado la sien, cerca del ojo izquierdo, y había penetrado cuarenta y cinco centímetros hasta la escápula izquierda, donde había quedado alojada. Podría haberme reventado el ojo o haber penetrado en el cerebro, dijo. «Es un milagro que estés viva.»

Intenté hablar, pero recordé que no podía.

Cogí el espejo y señalé los puntos negros que tenía cerca de la sien.

La doctora Fiona hizo una leve mueca. «Pólvora.» Levanté mi mano derecha y le mostré más puntos negros en los dedos. «Eso también es pólvora —dijo—. Seguramente levantaste la mano para protegerte la cara en el último momento.»

Tengo que reconocer que solía ser muy susceptible sobre mi aspecto. Nunca me satisfacía. Mi nariz era demasiado grande. Tenía unos absurdos lunares en la cara. Mi piel era demasiado oscura. Incluso los dedos de mis pies eran demasiado largos.

Pero miré con curiosidad a la Malala del espejo. Era como un científico que estuviera estudiando un espécimen. Quería comprender exactamente qué había ocurrido, por dónde había pasado la bala, qué había hecho exactamente. Estaba fascinada por lo que vi.

No estaba triste. No tenía miedo. Simplemente pensé: *No importa qué aspecto tenga. Estoy viva. Estaba agradecida.*

Miré a la doctora Fiona. Había puesto una caja de pañuelos de papel entre nosotras y me di cuenta de que esperaba que me pusiera a llorar. Quizá la antigua Malala habría llorado. Pero cuando has estado a punto de perder la vida, una cara extraña en el espejo no es más que la prueba de que sigues en esta tierra. Sólo quería averiguar más cosas sobre lo que había hecho la bala. ¿Me había atravesado el cerebro? ¿Era ésa la razón de que no viera bien? ¿Por qué no podía cerrar mi ojo izquierdo? Y ¿qué tenía que ver todo esto con lo que le pasaba a mi brazo izquierdo?

Tenía cien preguntas para la doctora Fiona, pero sólo hice una. *¿Cuándo podré volver a casa?*

## 27

## *Pasando el tiempo*

Un día entró en mi habitación otra Fiona. Su nombre era Fiona Alexander, y dijo que estaba a cargo de la oficina de prensa del hospital. A mí eso me pareció curioso. No me imaginaba que el hospital de Swat tuviera una oficina de prensa.

Dijo que al hospital le gustaría hacerme una foto. *Esto* me pareció divertido. ¿Quién iba a querer una foto mía con el aspecto que tenía?

¿Estaba de acuerdo en que me hiciera una foto?, preguntó Fiona de nuevo. No veía para qué me iban a hacer una foto con la cara hinchada en una cama de hospital, pero todo el mundo era tan amable conmigo que yo también quise ser amable. Y también pensé que mis padres quizá verían una foto mía y esto les daría esperanza y les traería más rápidamente. Estuve de acuerdo, pero pedí dos cosas: un velo para cubrirme el pelo y que tomaran la foto desde mi lado derecho. El lado izquierdo de mi cara seguía sin cooperar.

*

Lo peor de estar en un hospital es el aburrimiento. Mientras esperaba a mi familia, tenía la mirada fija en el reloj de la habitación. El movimiento de las manecillas me confirmaba que, en efecto, estaba viva y me ayudaba a calcular cuánto tiempo faltaba hasta que llegara mi familia. El reloj siempre había sido mi enemigo en casa... me robaba sueño por las mañanas, cuando todo lo que quería era esconderme bajo la manta. Estaba impaciente por decir a mi familia que al fin me había reconciliado con el reloj y que ¡por primera vez en la vida me estaba despertando temprano! Cada mañana esperaba ansiosamente que dieran las 7, que era cuando llegaban amigas como Yma, que trabajaba en el hospital, y las enfermeras del pabellón infantil y me ayudaban a pasar el tiempo.

Cuando pude ver lo suficientemente bien, me trajeron un reproductor de dvd y un montón de dvds.

Durante los primeros días, había pedido que pusieran la televisión —vi la BBC durante unos minutos, mientras hablaban de las elecciones estadounidenses entre el presidente Barack Obama y aquel otro candidato, y después cambiaron de canal a *MasterChef*, que solía ver en Pakistán—, pero como todavía veía borroso, les dije que la apagaran y no volví a pedir que la encendieran.

Pero mi vista estaba mejorando, aunque todavía veía un poco doble. Podía elegir entre *Quiero ser como Beckham, High School Musical, Hannah Montana* y *Shrek*. Escogí *Shrek*. Me gustó tanto que inmediatamente vi *Shrek 2*.

Una de las enfermeras supuso que si me tapaba el ojo malo con un algodón, mi visión doble no sería tan molesta. Entre tanto, el oído izquierdo seguía sangrándome y la cabeza me palpitaba. Pero pasé el día con un gigante verde y un burro que hablaba mientras esperaba que mis padres llegaran a Inglaterra.

*

Al quinto día me retiraron el tubo que tenía en la garganta y recuperé la voz. Fue entonces cuando me puse la mano en el vientre y noté algo extraño. Debajo de la piel había un bulto duro. «¿Qué es eso?», pregunté a una de las enfermeras.

«Es un hueso del cráneo», dijo.

Estaba segura de que no la había entendido bien. Entre mi oído malo y las dificultades que tenía con el lenguaje, creía que había dicho que ¡tenía en la tripa un hueso del cráneo!

La doctora Fiona vino a explicármelo. Cuando la bala me pasó por la sien, me fracturó el hueso y algunas esquirlas habían penetrado en el cerebro. El shock estaba provocando que el cerebro se hinchara, así que, en Pakistán, los médicos habían extraído un trozo del cráneo para que que el cerebro no sufriera presión. Y, para conservar el hueso, lo habían colocado bajo la piel del abdomen.

Tenía muchas preguntas para la doctora Fiona; era como volver a estar en clase de biología en el colegio. Quería saber cómo me habían abierto el cráneo. Con una sierra, repuso la doctora Fiona. ¿Qué ocurrió después?, pregunté.

La doctora Fiona me explicó que la operación había sido un éxito, pero que se había desarrollado una infección y mi estado había empezado a empeorar. Los riñones y pulmones estaban fallando y la situación era crítica. Así que los médicos me sometieron a un coma inducido para trasladarme a Inglaterra, donde se me podría proporcionar mejor atención médica.

«Te trajeron en un avión privado», dijo.

«¿En un avión privado? ¿Como lo sabe?», pregunté.

«Porque iba contigo», repuso.

Más tarde supe que los Emiratos Árabes habían ofrecido el avión, que estaba equipado con una unidad médica.

La doctora Fiona me explicó que ella y el doctor Javid se encontraban en Pakistán asesorando a los médicos del ejército sobre la creación de una unidad de trasplante de hígado. Cuando contactaron con el doctor Javid para pedirle consejo, él llevó a la doctora Fiona, porque era especialista en emergencias pediátricas. Como era una zona peligrosa para extranjeros, la doctora Fiona reconoció que al principio había temido trasladarse a Peshawar. Pero vino cuando descubrió que yo era la que había luchado por los derechos de las jóvenes.

Ella y el doctor Javid dijeron a los médicos de Pakistán que no sobreviviría si no se me trasladaba a un hospital mejor equipado, así que mis padres accedieron a enviarme con ellos. La doctora Fiona y el doctor Javid habían estado a mi lado durante casi dos semanas. No era de extrañar que se comportaran como si me conocieran de siempre.

La doctora Fiona tenía que ocuparse de sus otros pacientes, niños que estaban más enfermos que yo, pero yo tenía una última pregunta.

«Estuve en coma. ¿Por cuánto tiempo?»

«Una semana.»

Me faltaba una semana de mi vida. En ese tiempo, me habían disparado, me habían operado, había estado al borde de la muerte y me habían llevado al otro extremo del mundo. La primera vez que había salido de Pakistán fue en un avión privado para salvar mi vida.

El mundo había seguido a mi alrededor, y yo no tenía conciencia de ello. Me preguntaba qué más me había perdido.

# 28

## *Ahora ya estamos todos aquí*

Cuando me retiraron el tubo de la garganta, hicimos otra llamada a mi padre... y esta vez pude hablar. Me había dicho que estaría a mi lado en dos días, pero ya habían pasado otros dos días más.

El doctor Javid organizó una tercera llamada a Pakistán. Mi padre prometió que toda la familia vendría pronto... sólo otro día más.

«Por favor, tráeme la mochila del colegio —le pedí—. Se acercan los exámenes.»

Me imaginaba que en seguida estaría en casa y volvería a competir por ser la primera de la clase.

Al día siguiente, el décimo que pasaba en el hospital, me trasladaron de la unidad de cuidados intensivos a otra habitación. Ésta tenía una ventana.

Había esperado que Birmingham se pareciese a las ciudades que había visto en la televisión. Como Nueva York, con rascacielos, coches y tráfico, y hombres trajeados y mujeres caminando por la calle. Pero cuando miré, todo lo que vi fue un cielo del color de una vieja tetera, lluvioso y gris. Abajo había casas, pulcras y uniformes, tranquilas y ordenadas. No podía imaginar un país en el que todas las casas fueran iguales. Un país en el que no parecía lucir el sol. ¿Dónde estaban las montañas? ¿Las cascadas de agua?

\*

Aquel mismo día, el doctor Javid me dijo que mis padres estaban a punto de llegar. No le creí hasta que me levantó la cama a fin de que pudiera estar sentada para recibirlos cuando vinieran. Habían pasado dieciséis días desde que salí de mi casa en Mingora, despidiéndome para ir al colegio. En ese tiempo había pasado por cuatro hospitales —primero en Mingora, después en Peshawar, después en Rawalpindi y, por último, en Birmingham— y recorrido miles de kilómetros. Había conocido a maravillosos médicos y enfermeras y otros trabajadores de los hospitales. No había llorado nunca. Ni siquiera cuando me quitaron las grapas de la cabeza ni cuando las agujas me traspasaban la piel ni cuando sentía que la luz me perforaba los ojos.

Pero cuando la puerta se abrió y oí las voces familiares que me llamaban *jani* y *pisho*, y cuando todos se abalanzaron sobre mí, llorando y besándome las manos porque temían tocarme, por fin lloré. Lloré y lloré y lloré sin parar. Oh, cómo lloré.

Y por primera vez en mi vida incluso me alegré de ver a los pequeños incordios de mis hermanos.

Por fin, después de aquellos dieciséis días, de los más terribles de nuestras vidas, volvíamos a estar juntos.

\*

Cuando dejamos de llorar, nos miramos unos a otros. Me entristeció ver lo viejos y cansados que parecían mis pobres padres. Estaban agotados del largo viaje desde Pakistán, pero eso no era todo. De repente me di cuenta de que tenían algunas canas y arrugas. ¿Las habían tenido siempre? ¿O les habían salido a causa de los últimos acontecimientos?

También era evidente que ellos estaban alarmados por mi aspecto. Trataban de ocultarlo, pero veía la preocupación en sus ojos. Me tocaban con cuidado, como si me fuera a romper. ¿Y quién podía reprochárselo? Me había mirado al espejo y sabía que la mitad de mi cara estaba inmovilizada. La hinchazón había desaparecido, pero tenía el ojo izquierdo tumefacto, la mitad de la cabeza sin pelo y la boca me colgaba hacia un lado.

Por otra parte, estaba tan contenta de haber recuperado la voz que no me había dado cuenta de que sólo podía hablar con frases simples, como si tuviera tres años. Fue al ver la expresión de sorpresa de Atal cuando me percaté de lo extraña que debía de sonar.

Intenté sonreír para tranquilizarles. *No os preocupéis*, quería decirles. *Todavía sigue aquí la antigua Malala.*

Pero cuando sonreía, se ensombrecía el rostro de mi madre. Yo creía que estaba sonriendo, pero mis padres veían algo que parecía una mueca extraña y deforme.

«*Aba,* ¿quiénes eran aquella gente?», pregunté.

Él comprendió a qué me refería: quería saber por él quién me había hecho esto.

«*Jani,* no hagas esa pregunta. Todo está bien. Ahora ya estamos todos aquí.» Entonces me preguntó cómo me sentía. Si los dolores de cabeza habían desaparecido.

Yo sabía que estaba intentando cambiar de tema, y, aunque quería que respondiera mi pregunta, le dejé.

\*

Mi padre, mi orgulloso padre pashtún, parecía otro. Casi era como si le hubieran disparado también a él: era como si sintiera dolor físico.

Un día que estábamos solos, me cogió la mano. Dijo: «*Jani,* preferiría ser yo quien tuviera esas cicatrices, quien pasara cada minuto de sufrimiento». Se le llenaron los ojos de lágrimas. «Me amenazaron muchas veces. Tú has recibido la bala que era para mí. Debería haber sido yo.» Y entonces dijo: «En la vida experimentamos alegría y sufrimiento. Ahora estás pasando todo el sufrimiento; el resto sólo será alegría». No pudo continuar.

Pero no hacía falta que dijera más. Yo sabía que él también estaba sufriendo. Nunca había dudado de nuestra causa, pero esa causa había llevado a su hija al borde de la muerte.

Qué injusto puede ser el mundo a veces. Aquí estaba yo, que había hablado ante las cámaras de tantos países, pero mi pobre cerebro herido no podía encontrar las palabras para la persona a la que más quería.

«No estoy sufriendo, *aba*. Tú tampoco tienes que sufrir», deseaba decirle.

Hice una mueca que pretendía ser una sonrisa y dije simplemente «*Aba*». Mi padre me sonrió con los ojos llorosos. Yo sabía que él sabía lo que estaba pensando. No necesitábamos palabras. Habíamos compartido cada paso de aquel camino que, de alguna forma, nos había llevado a esa habitación de hospital. Y compartiríamos cada paso en el futuro.

Poco después llegó mi madre. Empezaba a caminar con pequeños pasos, pero todavía necesitaba que alguien me ayudara en el baño. Desde el primer día mi madre había intentado no mirarme la cara. Pero mientras me guiaba al baño, vi que miraba a hurtadillas mi reflejo en un espejo. Nuestros ojos se encontraron por un momento y en seguida ella desvió la mirada.

Me dijo en un susurro: «¿Va a mejorar tu cara?».

Le dije lo que los médicos me habían dicho: que tendría que someterme a varias operaciones y meses de fisioterapia, pero que finalmente mejoraría. Aunque no volvería a ser la misma de antes.

Mientras me ayudaba a volver a la cama, miré a mis padres. «Es mi cara. Y la acepto. Ahora —dije suavemente— vosotros también tenéis que aceptarla.»

Había tantas cosas que quería decirles. Yo ya había tenido tiempo de acostumbrarme a mi nueva cara. Pero para ellos había sido un shock. Quería que supieran que no me importaba mi aspecto. ¡A mí, que me había pasado horas arreglándome el pelo y preocupándome por mi altura! *Cuando has visto la muerte* —quería decir—, *las cosas cambian.* No importaba si no podía sonreír o pestañear. Seguía siendo yo, Malala.

«Mi cara. No importa. Dios me ha dado una nueva vida», dije.

Mi recuperación era una bendición, un regalo de Dios y de las personas que se habían preocupado y habían rezado por mí. Y yo estaba en paz. Pero mientras me encontraba en Birmingham viendo a Shrek hablar con su burro, mis pobres padres habían estado a miles de kilómetros de distancia, soportando su terrible dolor.

Yo me había estado recuperando mientras ellos sufrían. Pero, a partir de ese día, nuestra familia empezaba a recuperarse junta.

## 29

# Respuestas para las preguntas

Durante los días siguientes mis padres me contaron lo que había ocurrido en los dieciséis días transcurridos entre el atentado y nuestra reunión.

Me enteré de esto:

En cuanto el conductor del autobús, Usman Bhai Jan, se dio cuenta de lo que había ocurrido, me llevó directamente al Hospital Central de Swat. Las demás niñas lloraban y gritaban. Yo estaba desplomada sobre el regazo de Moniba, sangrando.

Mi padre se encontraba en una reunión de la Asociación de Colegios Privados y acaba de subir al estrado para pronunciar un discurso. Cuando terminó y se enteró de lo ocurrido, se marchó de inmediato al hospital. Me encontró allí en una camilla, con la cabeza vendada, los ojos cerrados, el pelo extendido.

«Hija mía, eres mi valiente hija, mi maravillosa hija», me decía una y otra vez, como si así pudiera despertarme. Creo que, de alguna manera, yo sabía que estaba allí, aunque no estuviera consciente.

Los médicos le dijeron que la bala no había pasado cerca del cerebro y que la herida no era grave. El ejército no tardó en hacerse cargo y, a las tres de la tarde, estaba en una ambulancia de camino a un helicóptero que me llevaría a otro hospital, en Peshawar. No hubo tiempo para esperar a mi madre, así que la señorita Maryam, que había llegado al hospital poco después de mi padre, insistió en venir conmigo por si necesitaba ayuda de una mujer.

A mi madre le dijeron inicialmente que me habían disparado en un pie. Después, que el disparo había sido en la cabeza. Las vecinas acudieron a nuestra casa llorando cuando se enteraron de la noticia. «No lloréis. Rezad», dijo mi madre. Cuando el helicóptero sobrevoló nuestra calle, mi madre subió a la azotea. Y mientras le veía, sabiendo que yo iba dentro, se quitó el pañuelo —un gesto insólito en una mujer pashtún— y lo levantó hacia el cielo sujetándolo con las dos manos, como si fuera una ofrenda. «Dios, la pongo en Tus manos», dijo.

El pobre Atal se había enterado de todo cuando puso la televisión al volver del colegio. Y se dio cuenta de que si no hubiera tenido aquella rabieta por no poder ir en la rampa, él también habría estado en el autobús.

Unas horas después del atentado, los canales de la televisión pakistaní pusieron reportajes sobre mí con oraciones y poemas. Mientras esto ocurría, yo llegaba al Hospital Militar

Combinado de Peshawar, donde un neurocirujano, el coronel Junaid, me examinó y descubrió algo sorprendente: todavía tenía dentro la bala. Pronto vio que lo que los médicos de Swat habían dicho a mi padre no era correcto: en realidad, la bala me había pasado muy cerca del cerebro.

Informó a mis padres de que el cerebro se estaba hinchando y sería necesario retirar parte del cráneo para que la presión no se hiciera insoportable. «Si queremos que tenga alguna posibilidad, hay que operarla», dijo. A sus superiores les estaban diciendo que había que enviarme al extranjero de inmediato, pero el coronel Junaid permaneció firme en su decisión, y esa decisión me salvó la vida.

Mi madre rezó durante las cinco horas que duró la operación. En cuanto comenzó, sintió que la tranquilidad la invadía. A partir de ese momento supo que yo me salvaría.

Pero dos días después de que me dispararan mi estado estaba empeorando. Mi padre estaba tan convencido de que moriría que empezó a considerar mi funeral. Intentó no pensar en el pasado y si había cometido un error animándome a alzar la voz públicamente por lo que creía.

En la vecina Rawalpindi se encontraban dos médicos británicos, y el ejército los trajo para consultarles. Eran la doctora Fiona y el doctor Javid, y fueron los siguientes que me salvaron la vida.

Dijeron que si permanecía en Peshawar, sufriría daño cerebral o moriría. Les preocupaba la calidad de la atención;

pensaban que allí corría el riesgo de contraer una infección. Aunque la doctora Fiona tenía que regresar a Birmingham, permaneció allí y organizó mi traslado a otro hospital militar, en este caso en Rawalpindi.

En el nuevo hospital la seguridad era estricta por la posibilidad de otro atentado talibán. Mi familia se alojaba en un hostal militar próximo al hospital y apenas tenía acceso a las noticias del exterior, puesto que el hostal no tenía conexión de Internet. Aún no sabían que mi historia ya había dado la vuelta al mundo y estaban llegando ofrecimientos para tratarme en otros países. Sólo cuando un amable cocinero del hostal les llevó varios diarios, se enteraron de que todo el mundo ya sabía que me habían disparado.

Cuando mi estado se agravó, a mis padres casi no se les consultó sobre lo que había de hacerse. No había tiempo. Todas las decisiones las tomaba el ejército. La doctora Fiona insistía en que se me enviase al extranjero, donde recibiría la mejor atención. Al final se decidió que iría al hospital del doctor Javid en Birmingham, el Queen Elizabeth Hospital. Pero era necesario trasladarme en veinticuatro horas, setenta y dos, a lo sumo. Mi madre y mis hermanos no tenían pasaportes ni documentación, por lo que el ejército dijo a mi padre que él tendría que viajar solo conmigo.

Se encontraba en una situación imposible. Si salía del país conmigo, dejaba atrás a su esposa y a sus hijos en Rawalpindi, y quizá sufrieran otro atentado. Así que tomó una decisión: «A mi hija le ha ocurrido lo que le ha ocurrido y ahora está en manos de Dios. Debo quedarme con el resto de mi familia», dijo al doctor Javid.

Éste le aseguró que me cuidarían.

«¿No es un milagro que estuvieran aquí cuando dispararon a Malala?», dijo mi padre.

«Estoy convencido de que Dios envía primero la solución y después el problema», repuso el doctor Javid.

Mi padre firmó un documento que convertía a la doctora Fiona en mi tutora durante el viaje al Reino Unido. Lloraba cuando le entregó mi pasaporte.

Aunque no lo recuerdo, mis padres se despidieron de mí a las once de la noche del 14 de octubre. Era la última vez que me veían en Pakistán y no volverían a verme en los once días siguientes. Mi padre no quería que despertara en un país extraño sin mi familia. Le preocupaba que me sintiese confusa y abandonada. Pero supuso que sus pasaportes y visados estaban tramitándose y que en cuestión de unos días se reunirían conmigo.

No imaginaba que un funcionario del gobierno había retrasado su partida porque quería volar con ellos. La espera les pareció eterna.

Durante los primeros días en Peshawar, sumidos en el horror y la pesadumbre, mi padre preguntó a mi madre: «¿Es culpa mía?».

«No, *khaista* —repuso ella—. Tú no enviaste a Malala a robar o a asesinar o a cometer algún delito. Era una causa noble. No tienes que culparte. Los que deberían sentir vergüenza son los talibanes por disparar a una niña, y el gobierno, por no protegerla.»

Para entonces, los talibanes habían hecho una declaración en la que decían que me habían disparado porque mi campaña era «una obscenidad». Afirmaban que se habían servido de dos hombres de Swat para recoger información sobre mí y sobre mi camino al colegio y que habían llevado a cabo el atentado deliberadamente cerca de un puesto de control del ejército para demostrar que podían golpear donde quisieran. Su seña de identidad era matar con disparos en la cabeza.

Shazia y Kainat, las otras dos jóvenes que habían resultado heridas aquel día, también se estaban recuperando. A Kainat una bala le había rozado un brazo y a Shazia le habían disparado dos veces, en la palma de una mano y en la clavícula izquierda. Dos balas, tres heridas.

¡Me había perdido tantas cosas! Sin embargo, cuando mis padres me relataban todo lo que había pasado mientras estaba en coma o en mi cubículo del hospital, casi era como si me estuvieran contando una historia sobre otra persona. Me sentía como si todo aquello le hubiera ocurrido a otra joven.

Quizá eso es así porque no recuerdo nada de cuando me dispararon. Absolutamente nada.

Los médicos y enfermeras ofrecieron complicadas explicaciones sobre la razón de que no lo recordara. Decían que el cerebro nos protege de los recuerdos que son demasiado dolorosos. O que mi cerebro quizá se bloqueara cuando me hirieron. Yo amo la ciencia, y nada me gusta más que hacer pregunta tras pregunta para descubrir cómo funcionan las cosas. Pero no necesito la ciencia para saber por qué no recuerdo aquello. Sé por qué: Dios es compasivo conmigo.

La gente no lo comprende cuando digo esto. Supongo que si no has estado cerca de la muerte, resulta difícil entenderlo. Pero la muerte y yo hemos estado muy próximas. Y, al parecer, la muerte no me quiso.

\*

Parece que muchas personas quisieron visitarme. Periodistas, celebridades y algunos políticos. Pero el hospital los mantuvo alejados para que pudiera curarme en privado.

Un día se presentó un importante ministro de Pakistán y se reunió con mi padre.

Dijo que el gobierno estaba buscando hasta debajo de las piedras al hombre que me disparó. Mi padre se contuvo, pero sabía que aquello no eran más que palabras vacías. Ni siquiera habían encontrado al asesino de Benazir Bhutto.

Después de que me dispararon sólo había ido a la cárcel una persona: nuestro pobre conductor del autobús. El ejército afirmaba que le retenían para que pudiera identificar al asesino. Pero ¿por qué habían detenido a nuestro conductor y no al asesino? Era una locura.

El ministro también preguntó a mi padre si yo podía «enviar una sonrisa al país». No sabía que ésa era la única cosa que no podía hacer. Mi padre estaba molesto pero, de nuevo, se contuvo. Mi padre, que se había atrevido a hacer frente a los talibanes, estaba aprendiendo que a veces no decir nada puede resultar muy elocuente.

\*

Cuando por fin vi las noticias, me enteré de que un portavoz de Fazlullah declaró que los talibanes se habían visto «obligados» a dispararme porque no dejaba de hablar contra ellos.

Me habían advertido, dijeron a la prensa, pero yo no hice caso.

¿Mis otros delitos? Alzar la voz por la educación y la paz. En sus términos, estaba defendiendo la educación occidental, que era contraria al islam, según afirmaban.

Los talibanes intentarían matarme otra vez, dijo Fazlullah. «Que sirva de lección.»

Y fue una lección, en efecto. Mi madre estaba tenía razón cuando citaba el Corán. «La falsedad ha de morir y la verdad prevalecerá», me había dicho hacía ya tantos años, cuando estaba pensando comenzar el blog para la BBC.

La verdad siempre triunfa sobre la falsedad. Éste es el verdadero principio islámico que nos ha guiado en nuestro camino.

Los talibanes me dispararon para intentar silenciarme. Sin embargo, ahora todo el mundo estaba escuchando mi mensaje.

## 30

# *Mensajes de todo el mundo*

Fiona Alexander me trajo una bolsa llena de postales. Era Eid ul-Azha, el «Gran Eid», la fiesta que pasábamos con nuestra familia en Shangla. Así que pensé: *Qué amables, tengo amigos que me han enviado tarjetas por Eid.* Pero, ¿cómo sabían dónde estaba?, me pregunté.

Entonces vi las fechas de los matasellos. El 16 de octubre, el 17 de octubre. Inmediatamente después de que me dispararan. Aquellas tarjetas no tenían nada que ver con Eid. Eran de personas de todo el mundo que me deseaban una rápida recuperación. Muchas eran de niños. Me asombraba cuántas tarjetas había allí.

«Pues no has visto nada todavía», me dijo Fiona, y añadió que había ocho mil cartas para mí. Algunas iban dirigidas simplemente a «Malala, Hospital de Birmingham». Una iba dirigida a «La niña a la que han disparado en la cabeza, Birmingham».

También había paquetes. Cajas de bombones. Y peluches de todos los tamaños. Quizá lo más precioso de todo fue el paquete que enviaron los hijos de Benazir Bhutto. Contenía dos velos que habían pertenecido a su madre.

Había mensajes de líderes políticos, diplomáticos y estrellas de cine. Selena Gomez había tuiteado sobre mí. Beyoncé me había deseado que me recuperase en Facebook y Madonna me había dedicado una canción. Incluso había un mensaje de Angelina Jolie. Era emocionante, abrumador y —como mi cerebro todavía no funcionaba bien— desconcertante.

¿Cómo sabía *Angelina Jolie* quién era yo?

Mientras me encontraba en aquella habitación sin ventana, ignorante de lo que ocurría en el mundo, el mundo sí sabía lo que me había ocurrido a mí. Fiona me dijo que habían venido al hospital más de doscientos periodistas de todo el mundo para verme. Excepto el día en que intenté ver la BBC, no había visto las noticias desde mi llegada. Pero ahora comprendí: yo *era* la noticia.

La gente había estado rezando por mí. La doctora Fiona y el doctor Javid, y todos los maravillosos médicos y enfermeras de Pakistán e Inglaterra habían salvado mi cuerpo. Las oraciones y el apoyo de todas aquellas personas me habían salvado la vida.

Era asombroso. Mientras me sentía sola en el hospital, preguntándome por mi familia, preocupándome por quién pagaría mi atención médica, ¡en todo el mundo había gente preocupándose por *mí!* Ya no me sentía sola.

¡Y estaba impaciente por volver a casa y contarle a Moniba lo de Angelina Jolie!

# 31

## *Un día agridulce*

Los médicos me abrieron detrás del oído izquierdo y durante casi ocho horas me operaron para reparar el nervio facial que la bala había seccionado. Es el nervio que me había permitido abrir y cerrar el ojo izquierdo, elevar la ceja izquierda y sonreír. Si no hacían algo pronto, me dijeron, mi cara quedaría paralizada para siempre.

Fue una operación complicada. Primero limpiaron el canal auditivo de tejido cicatricial y fragmentos óseos; fue entonces cuando descubrieron que el tímpano estaba dañado. ¡No era de extrañar que no oyera! Después comenzó la delicada tarea de retirar las partes dañadas del nervio y volver a conectarlo.

Cuando la operación hubiera terminado, yo tendría que hacer ejercicios faciales cada día delante de un espejo. ¿Quién podría imaginar que esos pequeños movimientos costarían tanto trabajo? Todavía pasaron cuatro meses antes de que pudiera sonreír y parpadear. Mis padres esperaban el momento en que pudiera hacerlo. Era mi cara, por supuesto, pero me parecía que ellos serían los más felices cuando la recuperase.

Cada día tenía fisioterapia y hacia ejercicios para aprender a que los brazos y las piernas volveran a funcionar bien. Qué extraño es tener que esforzarse tanto para algo que se hace sin pensar. Las primeras veces que intenté caminar fueron agotadoras, era como moverse contra una fuerte ventisca.

Ya casi había pasado un mes desde que me dispararon. Mi familia vivía en un apartamento en un edificio alto de Birmingham y me visitaban cada día. ¡Y una señal segura de que la vida estaba volviendo a la normalidad era que mis hermanos me volvían loca! Pedí a mis padres: «¡Dejadlos en casa! Lo único que hacen es ruido e intentar abrir los regalos que he recibido».

Mis hermanos habían pasado de tratarme como una muñeca de porcelana (una fase que sólo duró un día) a incordiarme, cansarme y, en general, molestarme. «¿A qué viene todo este lío sobre Malala? La he visto. Ha sobrevivido», dijo Atal.

Por fin podía volver a leer y devoré *El mago de Oz*, un libro que me había dado el exprimer ministro del Reino Unido Gordon Brown. Me encantaba el ánimo de Dorothy y me impresionó que, aunque estaba intentando volver a casa, se detuvo y ayudó a los que lo necesitaban, como el León Cobarde y el oxidado Hombre de Hojalata. Para mí, la moraleja de la historia era que siempre habrá obstáculos en el camino, pero, si quieres alcanzar un objetivo, debes continuar.

También empecé a recuperar el lenguaje y la memoria. Me quedé atónita cuando vi en la libreta rosa que la doctora Fiona me había dado las preguntas que había escrito cuando llegué. La mayoría de ellas estaban llenas de faltas de ortografía y eran incorrectas gramaticalmente. Todavía me costaba trabajo recordar los nombres de algunas amigas y no podía acordarme de nada sobre el atentado. Así que me esforcé para mostrar a todos cuánto estaba mejorando.

Mi progreso era continuado y cada vez estaba más animada.

Finalmente, en diciembre, después de pasar casi dos meses en hospitales, se me permitió salir por primera vez. Tenía nostalgia de las exuberantes colinas verdes de mi valle, así que Yma, que trabajaba en el hospital, organizó una visita al Jardín Botánico de Birmingham. Fuimos mi madre y yo con dos enfermeras; mi padre no nos acompañó porque, como era tan reconocible por su presencia en la televisión, temían que atrajera a las cámaras. Por el camino, me senté en el asiento trasero del coche y giraba la cabeza de un lado a otro para verlo todo en el nuevo país.

No sabía cómo sería el tiempo fuera. Había esperado que hiciera sol, pero, por el contrario, nos recibió un viento frío y desapacible. No había suficientes chaquetas y pañuelos para calentarme.

¡Pero las plantas! Eran maravillosas. Y extrañas. ¡Y conocidas! «Ésta también está en mi valle. ¡Y ésta!», decía a una de las enfermeras.

Me sentía tan contenta de estar fuera que me llevó un tiempo darme cuenta de que para todos los demás visitantes del jardín no era más que un paseo normal.

Mi madre estaba tan entusiasmada que llamó a mi padre. «Por primera vez soy feliz», le dijo.

Dos días después recibí la primera visita de alguien que no pertenecía a mi familia: Asif Ali Zardari, el presidente de Pakistán y viudo de Benazir Bhutto. El hospital temía un circo mediático, pero la visita era esencial. Zardari había prometido que el gobierno se haría cargo de todos los gastos médicos.

Así que se organizó todo para evitar a los periodistas. Me envolvieron en una parka púrpura y me sacaron del edificio por la salida de personal. Pasamos junto a un grupo de periodistas y fotógrafos, que ni siquiera se dieron cuenta. Fue como una novela de espías.

Nos llevaron a una especie de oficina y, mientras esperábamos, Atal, Khushal y yo jugamos a Elf Bowling en el ordenador. Aunque era la primera vez que lo jugaba, ¡les gané a los dos! Más pruebas de que la antigua Malala había vuelto.

El presidente entró acompañado de su hija Asifa. Me dieron un ramo de flores y Asifa me ofreció un velo tradicional de Cachemira. Zardari me tocó la cabeza con una mano, un gesto de respeto en mi país, y mi padre se inquietó por si me rozaba la parte donde me habían retirado el hueso, pero todo fue bien.

Zardari nos dijo que había dispuesto que mi padre tuviera un trabajo en Birmingham. Sería agregado de educación de Pakistán. Me dijo que todo iría bien y que mi misión ahora era recuperarme.

Después dijo que yo era «una joven extraordinaria y un motivo de orgullo para Pakistán». Él era el presidente de mi país, pero me trataba con respeto, ¡como si yo fuera importante!

Fue un día extraordinario. Se acallaron mis preocupaciones sobre cómo pagaríamos el hospital y dónde viviría mi familia.

Pero también fue un día agridulce. Comprendí que no volveríamos a casa en mucho tiempo.

# 32

## *Milagros*

Por fin me dieron el alta y 2013 iba a tener un feliz comienzo. Me sentía muy feliz de estar en casa con mi familia, aunque esta casa fuera un apartamento en un alto edificio con ascensor. Habría dado cualquier cosa por estar en nuestra humilde casa de antes, dando golpecitos en la pared para que Safina viniera a jugar, incluso llevando la basura al vertedero... pero lo que realmente importaba era que por fin estábamos juntos de nuevo.

Para que pudiera recobrar fuerzas, dábamos paseos al fresco aire de Birmingham, pero me cansaba enseguida. La vida en el hospital había sido tranquila en comparación con el ajetreo de la gente, los coches y los autobuses que encontrábamos por todas partes. Y como aún no oía bien, me volvía constantemente en todas direcciones para ver qué estaba ocurriendo. Simplemente ir a la tienda de la esquina a comprar comida podía ser abrumador. Abrumador... y fascinante.

En los cafés veíamos a hombres y mujeres charlando juntos de una forma que sería inconcebible en Swat. Y en las tiendas veíamos ropa que dejaba tanto al descubierto que no podíamos creer que las mujeres de Birmingham pudieran llevarla sin congelarse. Muchas llevaban diminutos shorts, las piernas desnudas y tacones altísimos, incluso en pleno invierno. «¿Es que tienen piernas de hierro y no sienten frío?», preguntaba mi madre.

En aquellas primeras salidas, a veces me sobresaltaba cuando veía a un hombre venir hacia mí. Si no controlaba mi imaginación, me figuraba que cada hombre que iba por la calle escondía un arma y que sólo estaba esperando el momento adecuado para disparar. De todas formas, no se lo dije a mis padres, para que al menos pudieran disfrutar de las frías vistas de Birmingham sin preocuparse.

\*

Echaba terriblemente de menos mi casa. Echaba de menos a mis amigas del colegio, echaba de menos las montañas, la cascada, el maravilloso río Swat y los campos de exuberante verde. Incluso echaba de menos las caóticas y sucias calles de Mingora. Así que fue una dura noticia enterarme de que en Pakistán había personas que me criticaban. Personas que decían que yo era una marioneta de Occidente y que «alternaba» con Richard Holbrooke. Personas que decían que era una mala musulmana. Personas que incluso decían que mi padre me había disparado como pretexto para poder llevar una vida de lujo en el extranjero.

La otra noticia que me llegó de mi país fue del colegio. Por fin pude hablar por Skype con Moniba y por una vez no nos peleamos. Me dijo cuánto me echaba de menos y que ninguna otra amiga podría ocupar mi lugar en su corazón. También me dijo que Shazia y Kainat se habían recuperado y habían vuelto al colegio. Y me dijo que mis amigas seguían guardándome un sitio en la clase.

«Ah, por cierto —dijo—, obtuviste la máxima puntuación en el examen de historia de Pakistán.» Ése había sido el examen que hice la mañana en que me dispararon. Una buena noticia. La mala noticia: como no había podido hacer el resto de los exámenes, mi antigua rival, Malka-e-Noor, había sido la primera de la clase. Por supuesto, como yo no estaba...

¡Me estaba quedando atrás en el colegio! Era irónico. La alumna que había hecho campaña por la educación de las niñas había perdido el primer puesto en su clase. Bien, tendría que redoblar mis esfuerzos para recuperarlo cuando volviera a ocupar aquel sitio vacío en mi antigua clase.

\*

Pronto podría caminar, hablar y leer, y estaba recuperando la memoria. Pero no oía y una especie de timbre me sonaba constantemente en el oído. A los médicos también les preocupaba que retirar el trozo de cráneo del vientre pudiera provocar una infección.

Así que tenía que volver al quirófano: tres operaciones a la vez. Esta vez la cirujana llevó a cabo una craneoplastia con malla de titanio, que es una forma elegante de decir que me puso una placa de titanio en la cabeza. Me preguntaba si sería como el Hombre de Hojalata del *Mago de Oz*: ¿sonaría como un gong si me golpeabas la cabeza? Además, el médico que me había reparado el nervio facial me insertó detrás del oído un diminuto transmisor electrónico de sonido llamado implante coclear. Me dijo que, más adelante, me colocaría la parte externa —el receptor— y entonces podría oír. También retiraron el trozo de cráneo que tenía en el abdomen. Fueron operaciones de envergadura, pero me recuperé rápidamente y en cinco días estaba en casa. (Más tarde recibí un regalo verdaderamente especial: aquel trozo del cráneo, en una moldura de plástico. Lo conservo en mi habitación y en ocasiones hasta se lo he enseñado a los invitados.)

Unas semanas después, cuando ya tenía colocado el receptor detrás de la oreja, oí un débil *bip*. Después, otro. Entonces llegó la voz del médico. Al principio, el sonido era un poco robótico, pero después fue mejorando.

¡Qué grande es Dios! Nos ha dado ojos para ver la belleza del mundo, manos para tocarlo, una nariz para percibir toda su fragancia y un corazón para apreciarlo todo. Pero no nos damos cuenta de lo milagrosos que son nuestros sentidos hasta que perdemos uno.

Recuperar el oído fue sólo uno de los milagros.

Un talibán hizo tres disparos a quemarropa a tres niñas en un autobús y no nos mató a ninguna.

Una persona trató de silenciarme. Y millones alzaron la voz.

También ésos fueron milagros.

# 33

## *Este nuevo lugar*

Ya nos hemos establecido en Birmingham. Vivimos en una pulcra casa de ladrillo en una de esas pulcras calles flanqueadas de árboles que veía desde mi ventana en el hospital. Es muy bonita. Todo está en su sitio. Tranquila. Y silenciosa. Demasiado silenciosa. No hay niños jugando al cricket en las callejuelas. No hay hombres discutiendo de política en la habitación de invitados. No hay mujeres en el porche trasero hablando de sus cosas. Mi padre, que siempre fue «el mejor amigo de todos» para los hombres en Swat, aquí tiene muchos visitantes pero pocos de ellos son verdaderos amigos. Mi madre, que no habla inglés como nosotros, va de compras perpleja e inspecciona los extraños productos que se venden en las tiendas. Khushal pasa mucho tiempo solo en su habitación, y me parece que añora su antigua vida. Y el otro día oí a Atal, el más alegre de todos nosotros, llorar porque no tenía a nadie con quien jugar. Sólo nos separan un par de metros de la casa siguiente, pero, por lo que sabemos de nuestros vecinos, podrían estar a kilómetros de distancia. Como dice mi padre, vivimos en un vecindario, pero rara vez vemos a los vecinos.

Siempre que salimos, se nos acercan personas que preguntan si pueden hacerse una foto conmigo. No tengo problema. Entiendo que la gente que se aproxima a mí es la misma que me dio su apoyo cuando lo necesitaba y que ahora me anima a seguir. Resulta extraño ser tan conocida pero estar sola al mismo tiempo.

Entre tanto, todos nos hemos ido adaptando poco a poco a este nuevo lugar. Mi padre lleva una bonita chaqueta de lana y zapatos de cuero cuando va a trabajar. Mi madre utiliza el lavavajillas. Khushal tiene un romance con su Xbox. Y Atal ha descubierto la Nutella.

Yo todavía voy regularmente al hospital para las sesiones de fisioterapia a fin de aprender a mover los músculos faciales. Y me dicen que quizá tenga que volver al quirófano. Pero no pienso mucho en ello.

\*

Una noche salimos a dar un paseo por la principal zona comercial de Birmingham. Me asombraba lo diferentes que son las personas en esta ciudad. Al contrario que en Mingora, donde todo el mundo tiene el mismo aspecto, aquí había toda clase de personas: chicos pecosos con camisetas de equipos de fútbol, mujeres negras con largas trenzas, hombres con traje de chaqueta y mujeres con traje de chaqueta, mujeres musulmanas conservadoras con burkas y jóvenes musulmanas con vaqueros y pañuelo. De repente un joven que estaba detrás de nosotros llamó a mi padre.

Nos giramos y vimos que tenía los rasgos oscuros de los pashtunes pero llevaba ropa occidental.

«Señor —oí que le decía a mi padre—, soy de su tribu, en nuestra tierra. Sé quién es usted.»

Mi padre le estrechó la mano, feliz de encontrarse con un compatriota.

El chico me señaló. «Señor, todos lloramos por su hija. Rezamos por ella. Pero lo que están haciendo no es seguro», le dijo.

Mi padre pareció sorprendido.

«No pueden salir tan tarde en Birmingham —dijo—. De noche esta ciudad no es segura.»

Mi padre y yo nos miramos, y explicamos a mi madre lo que el joven había dicho. El pobre muchacho estaba confuso por nuestra reacción. Mi padre le abrazó y le dio las gracias. Pero no pudimos explicárselo. ¿Cómo era posible que esta ciudad tan tranquila y tan ordenada fuera insegura en comparación con el lugar de donde veníamos?

\*

En mi nuevo colegio llevo un uniforme británico: un jersey verde, blusa de rayas abotonada, medias y una falda azul. La mayoría de las chicas lleva la falda corta, pero yo la llevo hasta los tobillos y también pañuelo. Por suerte, hay un grupo de jóvenes musulmanas en mi clase que van como yo, así que no destaco tanto. Pero algunas de las otras chicas se remeten la falda para que quede más corta en cuanto llegan al colegio y se la bajan antes de volver a casa. Y yo pienso: *qué país más interesante es éste, en el que unas chicas son libres de cubrirse el cuerpo y otras son libres de no hacerlo.*

Aquí también tenemos proyectores y portátiles, vídeos y wifi, y clases de música, arte e informática, e incluso de cocina (que odio). Fue un tanto asombroso viniendo de Pakistán, donde la escuela consistía simplemente en un maestro y una pizarra. Hay momentos en que deseo estar allí, en aquella aula sencilla, sin ordenadores. Pero entonces pienso en cómo les gustaría a mis antiguas amigas toda esta tecnología sofisticada y esas clases especiales. A veces siento tristeza de que ellas no tengan todas estas cosas maravillosas que los estudiantes tenemos aquí. Y a veces siento tristeza porque ellas se tienen unas a otras y a mí me falta eso.

\*

Entre mis nuevas compañeras y yo hay un cierto desfase. A veces hacen una broma y yo no la entiendo. Y a veces yo hago una broma y ellas no la entienden. Su forma de tratarse también es muy libre en comparación con cómo son las chicas en Pakistán. Yo quiero participar, quiero divertirme, pero no sé muy bien cómo. Y tampoco puedo ser demasiado atrevida. Debo ser una buena chica.

Soy una buena chica; siempre lo he sido. Pero ahora, me digo a mí misma, debo ser *realmente* buena. Así que tengo especial cuidado con lo que digo y hago. Nadie me dice que me autocontrole así. En todo caso, aquí los profesores siempre me están animando a que me sienta libre y a gusto. Pero, por la forma en que el mundo me ve, no soy realmente libre para ser como otras jóvenes de mi edad. Cuando tienes un rol público como éste y tantas personas cuentan contigo, creo que siempre debes actuar de la forma que los demás esperan de ti.

Mi vida se ha vuelto extremadamente activa. Escribo libros, hago documentales, pronuncio discursos, me reúno con gente interesante, estoy activa en las redes sociales y participo en trabajo humanitario. Hago muchas cosas interesantes y voy a muchos sitios interesantes, pero no es fácil compatibilizar tantos viajes con los estudios y los exámenes. Sólo soy humana y a veces me canso. Hay días en que me gustaría quedarme sentada en el sofá y ver *Mind Your Language* o hablar por Skype con amigas. Pero me tomo muy en serio el trabajo que estoy haciendo, siempre.

Aquí no tengo una buena amiga como Moniba, ni tampoco una amiga rival, como Malka-e-Noor. Pero las chicas de mi nuevo colegio son muy amables conmigo y estoy empezando a hacer amigas. Me invitan a ir a jugar a los bolos o al cine o a sus fiestas de cumpleaños. Son maravillosas. Amables y divertidas. Pero las cosas no son como eran en casa. Allí era simplemente Malala. Aquí, al menos al principio, era «Malala, la niña a la que dispararon los talibanes». Yo quería volver a ser simplemente Malala, una niña normal.

Al principio me preguntaba cómo podría hacerme amiga de esas chicas. He visto y experimentado cosas que ellas no podrían imaginar. Pero, a medida que pasaba el tiempo, me he dado cuenta de que ellas han tenido experiencias que *yo* no podía imaginar. Lo que estoy descubriendo es que tenemos mucho más en común que diferencias, y cada día aprendemos algo nuevo unas de otras. Y cada día me siento un poco más como la antigua Malala, simplemente una más de la clase.

Pero cuando la jornada ha terminado y todas nos dirigimos tranquilamente a los autobuses, recuerdo por un momento el jaleo que había cuando las clases acababan en el Colegio Khushal y todas salíamos desordenadamente del edificio para coger el *dyna* que nos llevaba a trompicones por las ajetreadas y congestionadas calles de Mingora.

# 34

## *La única cosa que todos sabemos*

Algunas cosas cosas siguen siendo iguales en este nuevo mundo. Una: sigo peleándome con Khushal. (O, más bien, él se pelea conmigo y yo le sigo la corriente.) Nos peleamos por el asiento delantero cuando vamos al colegio. Nos peleamos por la emisora de radio que queremos escuchar. Me dice que mi nariz es grande. Le digo que está gordo. Intenta darme un manotazo cuando nos detenemos ante su colegio. Y yo bloqueo la puerta cuando él intenta salir. Soy una defensora de la libertad de expresión y los derechos humanos cuando estoy en público, pero con mi hermano he de admitir que ¡puedo ser una dictadora!

Dos: Moniba y yo hemos vuelto a nuestras viejas peleas absurdas. Hablamos por Skype siempre que podemos. Pero la conversación comienza siempre de la misma forma. «Malala —dice ella—, me ignoras completamente.» Y yo digo: «Moniba, tú eres la que me ignora a mí».

Y después del ritual de rigor, nos ponemos a charlar como siempre.

A veces, hablar con Moniba y mis amigas de casa me pone nostálgica. Casi puedo oler el humo de la leña elevándose en el valle o escuchar los cláxones en la calle Haji Baba. He visto muchos lugares, pero mi valle sigue siendo para mí el más hermoso del mundo. Volveré a Pakistán más adelante, pero siempre que le digo a mi padre que quiero regresar, encuentra excusas. «No, *jani* —me dice—. Tienes que terminar el tratamiento médico.» O «Estos colegios son buenos. Debes quedarte aquí hasta que hayas aprendido todo lo que puedas».

No dice la única cosa que todos sabemos: que pasará mucho tiempo antes de que podamos volver a casa.

Ir a casa es la única cosa de la que no hablamos, especialmente ahora que Fazlullah no sólo es jefe de los talibanes de Swat, sino de todo Pakistán.

Sé que esta nueva vida a veces es dura para mis hermanos. Deben de sentirse como si un viento gigantesco les hubiera arrancado de Pakistán y llevado en volandas por medio mundo hasta depositarlos en este lugar extraño.

En cuanto a Atal, no acaba de comprender por qué los medios de comunicación hablan tanto de mí. «No sé por qué Malala es famosa —dijo a mi padre—. ¿Qué es lo que ha hecho?»

Para el mundo puede que sea Malala, la niña que luchó por los derechos humanos. Para mis hermanos, soy la misma

Malala con la que han vivido y se han peleado todos estos años. Soy simplemente su hermana mayor.

Sin embargo, mi madre a veces me trata como si fuera la pequeña, no la mayor. Puede ser muy protectora, y hay momentos en que, sin razón aparente, me abraza y se pone a llorar. Sé que ha estado pensando en que casi me pierde. Con frecuencia la veo andando por el jardín trasero, con la cabeza cubierta por el velo. Está dando a los pájaros los restos de comida que deja en el alféizar, lo mismo que hacía en casa. Estoy segura de que está pensando en todos los niños hambrientos a los que daba el desayuno en nuestra casa antes del colegio y preguntándose si hay alguien que les dé de comer ahora.

Mi padre también llora a veces. Llora cuando recuerda los primeros días después de que me dispararan, cuando me encontraba entre la vida y la muerte. Llora al recordar que me intentaron matar. Llora de alivio cuando se despierta de una siesta y oye las voces de sus hijos en el jardín y se da cuenta de que estoy viva.

Yo no me enfado con frecuencia, pero me irrita cuando alguien dice que mi padre es responsable de lo que me ocurrió. Como si él me hubiera obligado a hablar. Como si yo no pensara por mí misma. Si le vieran ahora. Todo aquello por lo que trabajó durante casi veinte años ha quedado atrás: el colegió que construyó de la nada, el colegio que ahora tiene tres edificios con mil cien alumnos. Nada le gustaba más que recibir a los niños en la puerta por la mañana. El Colegio

Khushal continúa —y cada día los alumnos pasan por esa puerta—, pero él no está allí para verlo.

En vez de eso, asiste a conferencias sobre la educación de las niñas y habla en pro de la paz, como hacía en Swat. Sé que le resulta extraño que la gente quiera escucharle por mi causa, y no al contrario. «Malala era conocida como mi hija —dice—. Pero estoy orgulloso de decir que ahora yo soy conocido como el padre de Malala.»

No sería seguro para nosotros ir a Pakistán; eso es cierto. Pero un día que estábamos nostálgicos nos dimos cuenta de que podíamos traer Pakistán a nosotros. Vienen a visitarnos amigos y allegados. Y Shazia y Kainat, que estudian en Inglaterra, viven con nosotros durante las vacaciones.

Mi madre es mucho más feliz cuando tiene la casa llena de invitados y hay que poner más sillas a la mesa. Y lo mismo que crece su felicidad, también lo hace su deseo de probar cosas nuevas. Ha empezado a aprender inglés otra vez. También ha empezado a aparecer en público sin cubrirse la cara con el velo e incluso se ha permitido que la fotografíen.

Entre tanto, mi padre ha asumido una nueva responsabilidad en casa. Hace poco le dije bromeando que mientras que él y yo estamos muy ocupados hablando de los derechos de las mujeres, mi madre sigue encargándose siempre de la cocina y la limpieza. Ahora él cocina cada mañana. Siempre lo mismo: huevos fritos. Cocina con mucho amor, pero el resultado no es tan apetitoso.

Ha hecho algunas cosas valientes en el pasado: abrir un colegio sin nada de dinero, defender los derechos de las mujeres y la educación de las niñas y enfrentarse a los talibanes.

¡Pero mi valiente y orgulloso padre pashtún ahora quiere probar con las sartenes y las cacerolas!

# 35

## *Aniversario*

Cuando se aproximaba el primer aniversario del atentado, vinieron muchos periodistas para entrevistarme. Con frecuencia parecían tristes por lo que me había ocurrido. Decían cosas como: «Tú y tu familia tuvisteis que abandonar vuestro hogar. Tenéis que vivir con miedo. Habéis sufrido tanto». Y aunque era yo la que había pasado por la experiencia, no estaba tan triste como ellos. Supongo que yo veo mi situación de otra manera. Si te dices: «Malala, nunca podrás regresar a casa porque eres un objetivo de los talibanes», lo único que consigues es seguir sufriendo.

Yo lo veo de esta forma. ¡Puedo ver! ¡Puedo oír! ¡Puedo hablar! ¡Puedo ir al colegio y puedo pelearme con mis hermanos! He tenido una segunda oportunidad en la vida. Y estoy viviendo la vida que Dios quiere para mí.

Los periodistas me preguntan si tengo miedo.

Les respondo que no. Y es cierto. Lo que no digo es que tengo miedo de una cosa: en algunos momentos me pregunto si seré la misma Malala en el futuro. ¿Mereceré todos los honores que se me han concedido?

A veces, cuando los periodistas ven a mis hermanos jugando sin preocupaciones, me preguntan si mi campaña por los derechos de los niños no me ha robado la niñez.

Les digo que piensen en una niña a la que casan a los once años. O en un niño que tiene que recoger basura del vertedero a fin de ganar dinero para su familia. O en los niños que han muerto a causa de las bombas y las balas. Es a ellos a quienes se les ha robado la niñez.

Y a veces a los periodistas les interesa el atentado que sufrí más que mi campaña.

Esto me resulta frustrante pero lo entiendo. Es curiosidad humana. De todas formas, esto es lo que pienso: ya me han hecho daño, dejándome cicatrices permanentes.

Pero de la violencia y la tragedia surgió la oportunidad. Nunca olvido eso, especialmente cuando pienso en todo el bien que el Malala Fund ha hecho y va a seguir haciendo.

Hemos puesto en marcha un proyecto en Swat para niñas obligadas a realizar trabajo doméstico. Las apoyamos para que puedan ir al colegio y, en último término, ser independientes. Después de hablar durante meses de cuánto quería ayudar en Jordania, organizamos un viaje para ayudar a los niños refugiados sirios, muchos de los cuales faltan a la escuela desde hace tres años. Allí conocí a niños con ropa sucia, sin zapatos y cuyas pertenencias cabían en una pequeña bolsa. Conocí a niños a los que nunca olvidaré. Nuestro deber es ayudarles a recibir comida, protección y educación. Y lo haremos.

Me parece que el mundo entero es como una familia. Cuando uno de nosotros sufre, todos debemos acudir y ayudar. Porque cuando la gente dice que me apoya, en realidad está diciendo que apoya la educación de las niñas.

Así que sí, los talibanes me han disparado. Pero sólo pueden disparar al cuerpo. No pueden disparar a mis sueños, no pueden matar mis convicciones y no pueden detener mi campaña por la escolarización de cada niña y cada niño.

Millones de personas rezaron por mí, y Dios me salvó. Sigo aquí por una razón, y es utilizar mi vida para ayudar a las personas.

# Epílogo

## *Una niña entre otras muchas*

Cuando cumplí dieciséis años, recibí el regalo más extraordinario: fui invitada a hablar en las Naciones Unidas. Fue el primero de los dos viajes que haría ese año a Nueva York. Asistieron cuatrocientas personas: altos funcionarios de todo el mundo, como Ban Ki-moon, secretario de las Naciones Unidas, y Gordon Brown, exprimer ministro del Reino Unidos, así como niños normales, como yo. Fue muy distinto del solemne y tenso cumpleaños que había pasado en Pakistán no hacía mucho tiempo.

Toda mi familia vino a Nueva York. Vimos *Annie* en Broadway y nos alojamos en un hotel en el que te llevan la pizza a la habitación en bandeja de plata. Me gustaba el ajetreo de Nueva York, en comparación con el sopor de Birmingham. Y, como había visto *Ugly Betty*, me sentía como si la ciudad fuera una vieja amiga. En Pakistán a mucha gente se le ha dicho que Estados Unidos es un lugar tenebroso e impío, pero todas las personas que conocí allí eran encantadoras. Estaba impaciente por contárselo a Moniba: Estados Unidos es un lugar muy agradable, pero tan ruidoso y abarrotado como otras ciudades que he visto, con el ruido de los cláxones y la gente corriendo a todas partes. ¡Es como un Karachi desarrollado!

Durante mi segundo viaje conocí a uno de mis personajes favoritos en Estados Unidos: un hombre llamado Jon Stewart, que me invitó a su programa de televisión para hablar sobre mi primer libro y el Malala Fund. Se tomó mi campaña muy en serio, pero también hizo muecas graciosas y me preguntó si podía adoptarme. Además conocí a la auténtica Ugly Betty, America Ferrara, que es muy guapa. E incluso al presidente Barack Obama y a su familia. (Creo que fui respetuosa, pero le dije que no me gustaban sus ataques de drones en Pakistán, que cuando matan a alguien malvado, también matan a personas inocentes y el terrorismo se extiende más. También le dije que si Estados Unidos gastara menos dinero en armas y guerra, y más en educación, el mundo sería un lugar mejor. Decidí que, si Dios te ha dado la voz, debes utilizarla aunque sea para contradecir al presidente de Estados Unidos.)

El día del discurso ante la ONU estaba nerviosa.

Había tenido experiencias extraordinarias y había conocido a personas extraordinarias. (Un día incluso coincidí con la reina de Inglaterra, el príncipe Harry y David Beckham.) Pero seguía siendo yo. Una chica a la que le gusta hacer crujir los nudillos todo lo alto que puede y explicar las cosas con dibujos. Una chica que odia la pasta y prefiere los cupcakes y a la que siempre le gustará el arroz que prepara su madre... y ahora le encantan los ganchitos y los palitos de pescado. Una chica que se preocupa si su mejor amiga se enfada con ella. Una chica como cualquier otra.

¿Era posible que fuera a hablar en las Naciones Unidos? ¡Cómo había cambiado mi mundo!

Aquella mañana me vestí despacio, me puse mi shalwar kamiz rosa favorito y uno de los velos de Benazir Bhutto. No había preparado el discurso pensando únicamente en los delegados. Lo escribí para infundir valor a cada persona en el mundo que se alce por sus derechos. No quiero que se me considere «la niña a la que dispararon los talibanes», sino «la niña que luchó por la educación», la niña que defiende la paz con el arma de la educación.

Esto es lo que dije en mi discurso:

*Queridos hermanos y hermanas:*

*Recordad una cosa. El día de Malala no es mi día.*

*Hoy es el día de cada mujer, cada niño y cada niña que han alzado su voz por sus derechos. Miles de personas han sido asesinadas por terroristas y millones han sido heridas. Yo soy sólo una de ellas.*

*Así que aquí estoy... una niña entre otras muchas.*

*Hablo no por mí, sino por todos los niños y niñas.*

*Alzo mi voz no para gritar sino para que los que no tienen voz puedan ser oídos.*

*Los que han luchado por sus derechos:*
*Su derecho a vivir en paz.*
*Su derecho a ser tratado con dignidad.*
*Su derecho a la igualdad de oportunidades.*
*Su derecho a la educación.*

*El 9 de octubre de 2012 un talibán me disparó en el lado izquierdo de la frente. También dispararon a mis amigas. Pensaron que las balas nos harían callar, pero se equivocaron. Y de aquel silencio surgieron miles de voces. Los terroristas pensaban que cambiarían nuestros objetivos y frenarían nuestras ambiciones, pero nada ha cambiado en mi vida excepto esto: la debilidad, el miedo y la desesperanza murieron. La fuerza, el poder y el coraje nacieron. Yo soy la misma Malala. Mis ambiciones son las mismas. Mis esperanzas son las mismas. Mis sueños son los mismos.*

*Un niño, un maestro, un lápiz y un libro pueden cambiar el mundo.*

Mientras escuchaba el aplauso y tomaba asiento, lo único en lo que podía pensar es que había recorrido una gran distancia desde la pequeña Malala que impartía lecciones a las sillas vacías en el Colegio Khushal. Y desde la niña que pronunciaba discursos ante el espejo del baño. De alguna manera, por la gracia de Dios, realmente estaba hablando a millones de personas.

En el pasado pedí a Dios que me hiciera más alta. Me he dado cuenta de que Dios ha respondido a mi plegaria. Me ha hecho tan alta como el cielo. Tan alta que no puedo medirme, pero mi voz puede llegar a personas de todas partes. La primera vez que hice esa petición a Dios, le prometí cien *raakat nafl,* así que le he ofrecido esas oraciones. Pero sé que, con la inconmensurable estatura, Dios también me ha otorgado una responsabilidad y un don: la responsabilidad de hacer del mundo un lugar más pacífico, que llevo conmigo cada momento del día, y el don de ser capaz de hacerlo.

Paz en cada hogar, en cada calle, en cada aldea, en cada país... ése es mi sueño. Educación para cada niño y cada niña del mundo. Es mi derecho poder sentarme en una silla y leer mis libros con mis amigas del colegio. Ver en cada ser humano una sonrisa de auténtica felicidad es mi deseo.

Yo soy Malala. Mi mundo ha cambiado, pero yo no.

# *Agradecimientos*

En primer lugar me gustaría dar las gracias a todas aquellas personas que en todo el mundo me han apoyado a mí y mi causa. Les agradezco cada mensaje y cada oración que he recibido.

Soy afortunada por tener unos padres que respetan la libertad de pensamiento y de expresión de todos. Mi familia está conmigo en cada paso de este camino. Mi padre me animó a que siguiera mi sueño de alzar la voz por la paz y la educación y mi madre nos apoyó a los dos en esta campaña. Y mis hermanos, Khushal y Atal, me recuerdan cada día que, aunque todo el mundo me conoce ahora, sigo siendo simplemente su hermana mayor.

Me siento muy honrada de haber tenido grandes maestros y de haber estudiado en un extraordinario colegio en Swat. Estoy y siempre estaré agradecida a mis maestros por su esfuerzo para difundir el conocimiento y para enseñar a los niños cómo descubrir talentos en su interior y explorar el mundo. En mi nuevo hogar tengo la fortuna de ir a un instituto muy organizado y grato como el Edgbaston High School for Girls, y de haber encontrado una comunidad que me apoya. Todos los profesores (especialmente la directora, la doctora Weeks) y estudiantes me han hecho sentir bienvenida, y ya no tengo la sensación de ser la nueva alumna desconcertada todo el tiempo.

En Pakistán y en Inglaterra me trataron en hospitales excelentes y siempre estaré agradecida a los médicos y enfermeras que me cuidaron. Por mi parte, disfruté siendo una paciente paciente.

Tengo la suerte de tener una amiga asombrosa, Moniba. Siempre me animó a creer en mí misma y a no perder la esperanza.

Poder compartir mi historia es otra bendición. Escribir un libro representa un desafío, y tengo que dar las gracias a muchas personas que me han ayudado en el proceso:

Karolina Sutton, mi agente literaria, se ocupa de cada aspecto del proceso de publicación y siempre tiene en mente lo que es mejor para mí.

No habría conocido a Karolina de no ser por Shiza Shahid. Shiza también participó en la creación del Malala Fund y trabaja cada día para dar a conocer nuestro mensaje y desarrollar nuestra campaña en pro de la educación universal.

Patricia McCormick trabajó conmigo para relatar mi historia de una nueva forma y le agradezco su paciencia y compasión... y la lección de yoga.

Agradezco a Farrin Jacobs su esfuerzo en las tareas de edición. Aunque su nombre no aparece en la cubierta del libro, buena parte del resultado se debe a ella. Me hizo trabajar duro, pero siempre estaba a mi lado.

Sin duda, estas memorias no existirían sin el libro que escribí con Christina Lamb. Nos hemos basado en sus extensos reportajes e investigaciones, y siempre le agradeceré que me ayudara a convertir mis palabras en una historia completa.

Y nada habría podido hacer sin el increíble apoyo que Shahida Choudhry nos proporciona a mí y a mi familia.

Muchas otras personas han contribuido de distintas formas. Entre ellas:

Fiona Kennedy y su equipo en Orion, mi editorial en el Reino Unido; Megan Tingley, Sasha Illingworth y el resto del equipo de Little, Brown Books for Young Readers; Megan Smith, Lynn Taliento, Eason Jordan, Meighan Stone, P. J. Kadzik, Jahan Zeb Khan y todos los del Malala Fund; Norah Perkins, Hinna Yusuf, Ahmad Shah, Mark Tucker y Tanya Malott; y, por supuesto, James Lundie y Laura Crooks de Edelman, que nos han dado a mí y a mi familia un extraordinario apoyo en esta nueva etapa.

Y, por último, gracias a todos los que leen mi historia y encuentran inspiración en sus páginas. Mi camino no siempre ha sido fácil, pero siempre he creído que la verdad y la bondad prevalecerán y doy gracias sobre todo por poder hablar en nombre de los que no pueden.

Gracias.

# Créditos de las fotografías

Las fotografías en color son cortesía de la autora con la excepción de las siguientes:

Páginas 6 y 10, imágenes superiores: Copyright © Sherin Zada

Página 10, abajo: Copyright © Rashid Mahmood / AFP / Getty Images

Páginas 11 y 12, arriba: Copyright © University Hospitals Birmingham NHS Foundation Trust; reproducido con el amable permiso del Queen Elizabeth Hospital de Birmigham

Página 14, ambas imágenes: Copyright © UN Photo / Rick Bajornas; reproducido con el amable permiso de United Nations Photo Library

Página 15, todas las imágenes: Copyright © Tanya Malott, proporcionadas por el Malala Fund

Página 16: Copyright © Mark Tucker

# Información adicional

# Glosario

**aba:** término afectuoso pashtún, «padre».

**Alá:** término árabe para «Dios».

**Al-Qaeda:** organización militante islámica.

**Áreas Tribales bajo Administración Federal (FATA):** la región de Pakistán fronteriza con Afganistán gobernada por un sistema de mandato indirecto que comenzó en la época británica.

**Ayat al-Kursi:** versículo del Corán que se recita para pedir protección.

**badal:** venganza.

**bhabi:** término cariñoso urdu que significa literalmente «esposa de mi hermano».

**burka:** túnica que llevan algunas mujeres musulmanas para cubrir su cuerpo en público.

**chapati:** pan ácimo que se elabora con harina y agua.

**Corán:** el libro sagrado musulmán.

**dyna:** camión o camioneta abierto.

**Eid/Pequeño Eid:** día de celebración que marca el final del ayuno durante el Ramadán.

**estupa:** monumento funerario con forma de montículo.

**fahashi:** comportamiento indecente.

**fedayines:** devotos del islam.

**haram:** prohibido en el islam.

**imán:** predicador local.

**jani:** querido.

**jirga:** asamblea tribal o consejo de notables de la zona.

**khaista:** término pashtún que significa «apuesto».

**Khyber Pakhtunkhwa (KPK) o Jaiber Pashtunjua:** literalmente «área de los pashtunes», hasta 2010 se llamaba Provincia Fronteriza del Noroeste, una de las cuatro provincias de Pakistán.

**madrasa:** escuela para la instrucción islámica.

**maulana, muftí:** estudioso islámico.

**muyahidines:** grupo de musulmanes que creen en la yihad o la guerra santa.

**mulá:** nombre informal para designar a un imán o líder religioso.

**mushaira:** un acto en el que los poetas se reúnen para leer sus obras.

**nafl:** oraciones opcionales.

**niqab:** velo o manto que llevan algunas mujeres musulmanas en público y que le cubre parte de la cara.

**pashtún:** la lengua de los pashtunes.

**pashtunwali:** código de conducta tradicional pashtún.

**PDI:** persona desplazada internamente.

**pisho:** gato.

**purdah:** segregación o aislamiento de las mujeres, llevar velo.

**raakat:** movimientos y palabras concretos que forman parte de una oración.

**Ramadán:** periodo de reflexión íntima durante el noveno mes del calendario islámico; se observa ayunando cada día desde el amanecer hasta la puesta del sol.

**shalwar kamiz:** traje tradicional de túnica suelta (kamiz) y pantalón (shalwar) que llevan tanto hombres como mujeres.

**sharía:** ley religiosa islámica.

**talib:** históricamente, estudiante religioso; ha adquirido el significado de miembro del grupo militante talibán.

**tapa:** pareado de la poesía popular pashtún; el primer verso tiene nueve sílabas, y el segundo, trece.

**Tehrik-e-Nifaz-e-Sharia-e-Mohammadi (TNSM):** Movimiento para la Aplicación de la Ley Islámica, fundado en 1992 por Sufi Mohammad y más tarde dirigido por su yerno, el maulana Fazlullah. También conocido como los Talibanes de Swat.

**Tehrik-i-Taliban-Pakistan (TTP):** Talibanes de Pakistán.

**urdu:** la lengua nacional de Pakistán.

**yihad:** guerra santa o lucha intestina.

# Cronología de acontecimientos importantes

**14 de agosto de 1947**

**Fundación de Pakistán como el primer país musulmán del mundo; Swat se integra en Pakistán**

Los británicos dividen los territorios de la India colonial en zonas de mayoría musulmana e hindú para crear los estados de Pakistán y la India. Pakistán consta de dos regiones: Pakistán Oriental y Pakistán Occidental, separadas por territorio indio. A los gobernantes de los estados principescos, que habían sido autónomos durante el mandato británico, se les da la opción de formar parte de un país o de otro. El estado principesco de Swat se integra en Pakistán con la condición de conservar su autonomía.

**1947**

**Primera guerra indo-pakistaní**

El estado principesco de Cachemira, gobernado por un hindú pero con población mayoritariamente musulmana, intenta permanecer independiente durante la partición. Esto provoca revueltas internas de facciones propakistaníes en Cachemira, que son apoyadas por el ejército pakistaní. El gobernador se une a la India a cambio de ayuda militar para hacer frente a los rebeldes locales. Los dos ejércitos luchan por el control de la región hasta que se pide a Naciones Unidas que medie. Se decreta un alto el fuego y se establece una línea de control basada en las posiciones de los ejércitos indio y pakistaní en Cachemira.

## 1948

### Muere el fundador de Pakistán, Mohammad Ali Jinnah

La muerte de Mohammad Ali Jinnah a consecuencia de una enfermedad deja al país sin un liderazgo fuerte en un momento en que es necesario organizar todos los aspectos del nuevo estado.

## 1951

### Es asesinado Liaquat Ali Khan, que desempeñó por primera vez el cargo de primer ministro de Pakistán

Liaquat Ali Khan fue otro político que, como Mohammad Ali Jinnah, fue clave para el establecimiento de Pakistán. Con la independencia, se convirtió en primer ministro de Pakistán, un cargo más poderoso que el de gobernador general en aquellos momentos (a Mohammad Ali Jinnah se le concedieron poderes especiales). A la muerte de Jinnah, Khan intenta estabilizar el país forjando alianzas y nombrando a figuras clave para los cargos públicos, especialmente a

Khawaja Nizamuddin como gobernador general y a Malik Ghulam Mohammad como ministro de Economía. Estos intentos provocan resentimiento entre facciones políticas opuestas y Khan se esfuerza por ganarse el apoyo público para sus políticas. Mientras se encontraba en un mitin político en Rawalpindi, fue asesinado por un joven desempleado de la Provincia Fronteriza del Noroeste. Khan fue sucedido por el gobernador general Khawaja Nizamuddin como primer ministro, mientras que Malik Ghulam Mohammad fue nombrado nuevo gobernador general.

## 1958

### El general Ayub Khan toma el poder en el primer golpe militar de Pakistán

El general Ayub Khan, comandante en jefe de las fuerzas armadas, se hace con el control del país en un golpe de estado incruento. El presidente Iskander Mirza se exilia. El golpe es bien recibido por gran parte de la población debido a la inestabilidad política de los años anteriores. Ayub Khan establece un precedente por el cual el ejército se apodera del gobierno de Pakistán en periodos de incertidumbre política.

## 1965

### Segunda guerra indo-pakistaní

India y Pakistán se enfrentan de nuevo por la cuestión de Cachemira. Se vuelve a solicitar la intervención de Naciones Unidas. Se decreta otro alto el fuego y se celebran negociaciones. Estados Unidos y el Reino Unido apoyan la resolución de la ONU y dejan de vender armas a ambos países. Como resultado de las negociaciones se vuelve a las fronteras anteriores a la guerra. India y Pakistán renuncian al uso de la fuerza para resolver el problema. Estas negociaciones cuentan con la mediación de la Unión Soviética y no favorecen a ninguno de los dos países.

## 1969
### Swat se convierte en parte de la Provincia Fronteriza del Noroeste

Ayub Khan pierde apoyo entre la población a causa de sus políticas económicas, que favorecen a la élite; el establecimiento de una democracia limitada con elecciones indirectas, que hurta a muchas personas su derecho al voto, y las consecuencias adversas de la guerra con India. Dimite y toma el poder su protegido, el general Yahya Khan, comandante en jefe del ejército pakistaní. Se decreta la ley marcial y se disuelven todos los órganos gubernamentales, como la Asamblea Nacional. El gobierno revoca el estatuto independiente de Swat, que se convierte en el distrito administrativo de Khyber Pakhtunkhwa (anteriormente llamado Provincia Fronteriza del Noroeste).

## 1970
### Se celebran las primeras elecciones nacionales

Son las primeras elecciones celebradas en Pakistán en las que cada ciudadano tiene derecho a votar. Los principales contendientes son la Liga Awami, predominante en Pakistán Oriental, y el Partido del Pueblo de Pakistán, de Zulfikar Ali Bhutto, en Pakistán Occidental. La Liga Awami gana las elecciones. El Partido del Pueblo obtiene la mayoría en Pakistán Occidental.

## 1971

**Tercera guerra indo-pakistaní; Pakistán Oriental se independiza y se convierte en Bangladés**

La Liga Awami, mayoritaria en Pakistán Oriental, está legitimada para formar gobierno, pero Zulfikar Ali Bhutto se opone. El general Yahya Khan apoya a Bhutto, pues un gobierno formado por la Liga Awami trasladaría el poder político a Pakistán Oriental. Cuando las negociaciones entre Yahya Khan y los líderes de la Liga Awami fracasan, se extienden las protestas por Pakistán Oriental y la Liga Awami proclama la independencia de la región. Previendo disturbios, han sido estacionadas en Pakistán Oriental unidades del ejército leales a Pakistán Occidental. Se les ordena que repriman los actos violentos. La India apoya la formación del nuevo estado y envía a su ejército en ayuda de la Liga Awami. La lucha se extiende a Pakistán Occidental, incluida la disputada frontera de Cachemira. El gobierno de Pakistán se rinde y en Pakistán Oriental se constituye un estado independiente: Bangladés.

## 1971

### Zulfikar Ali Bhutto se convierte en el primer jefe de gobierno electo de Pakistán

Incapaz de vencer a la India y habiendo perdido Pakistán Oriental, el general Yahya Khan dimite después de nombrar a un gobierno civil encabezado por Bhutto, cuyo partido había obtenido la mayoría de los votos en Pakistán Occidental en las elecciones de 1970.

## 1977

### El general Muhammad Zia-ul-Haq toma el poder en un golpe militar

Las políticas de Bhutto le hacen impopular. Por lo tanto, convoca elecciones generales en 1977. Resulta vencedor, pero se le acusa de haberlas amañado. En una situación de agitación civil, el general Zia-ul-Haq lleva a cabo un golpe militar.

## 1979

### Zulfikar Ali Bhutto es ahorcado; invasión soviética de Afganistán

Bhutto es declarado culpable de intentar asesinar a un oponente político y muere ahorcado. Afganistán se encuentra en plena guerra civil y el gobierno quiere apartarse de la tradición musulmana y modernizarse. En respuesta a esto, se crea una guerrilla musulmana, los muhayidines, contra el gobierno. El ejército soviético llega a Kabul, la capital de Afganistán, para apoyar al gobierno de ese país. Estados Unidos, preocupado por la expansión del comunismo y el desplazamiento del poder en la Guerra Fría, busca aliados en la región. En consecuencia, sus relaciones con Pakistán mejoran y cuenta con el apoyo pakistaní para apoyar a los muyahidines indirectamente en su lucha por impedir el establecimiento de un gobierno comunista en Afganistán.

## 1988
**El general Muhammad Zia-ul-Haq y otros altos mandos del ejército mueren en un accidente de aviación; se celebran elecciones; Benazir Bhutto se convierte en la primera mujer que desempeña el cargo de primer ministro en el mundo islámico**

La administración del general Muhammad Zia-ul-Haq en general favorece a la élite, en particular a los oficiales militares de alta graduación. No obstante, su autonombrado primer ministro, Muhammad Khan Junejo, aplica políticas, tanto local como internacionalmente, que entran en conflicto con la agenda de Zia-ul-Haq. Para neutralizar a Junejo, Zia-ul-Haq declara el estado de emergencia y disuelve el gobierno. Algo más de dos meses después, Zia-ul-Haq muere en un accidente de avión junto con numerosos miembros del gobierno y del ejército. Se sospecha que en realidad se trata de un atentado, pero nunca se ha hecho público ningún hallazgo. El presidente del Senado, Ghulam Ishaq Khan, es nombrado presidente del país hasta que puedan celebrarse elecciones. En las primeras elecciones tras la muerte de Zia-ul-Haq, el Partido del Pueblo de Pakistán, dirigido por Benazir Bhutto, hija de Zulfikar Ali Bhutto, resulta ganador y forma gobierno.

## 1989
### Termina la retirada soviética de Afganistán
Incapaces de derrotar a los muhayidines, apoyados por Pakistán y Estados Unidos, las fuerzas soviéticas se retiran de Afganistán. Esto provoca que las diferentes facciones de muyahidines se enfrenten entre sí, lo que desestabiliza aún más al país.

## 1990
### Disolución del gobierno de Benazir Bhutto
El presidente Ghulam Ishaq Khan disuelve el gobierno de Benazir Bhutto por presunta corrupción e incompetencia. La Asamblea Nacional se disuelve y se declara el estado de emergencia.

## 1991
### Nawaz Sharif se convierte en primer ministro

## 1993
### El ejército obliga a dimitir a Nawaz Sharif y a Ghulam Ishaq Khan; segundo gobierno de Benazir Bhutto
La rivalidad política entre el presidente Ghulam Ishaq Khan y el primer ministro Nawaz Sharif paraliza el gobier-

no. El ejército interviene y obliga a ambos a dimitir. En las subsiguientes elecciones Benazir Bhutto forma su segundo gobierno.

## 1996
### Los talibanes llegan al poder en Kabul

Después de años de guerra civil entre las distintas facciones de muyahidines en Afganistán, una de ellas —los talibanes— toma el poder en Kabul. Aunque imponen la ley musulmana de forma muy estricta en el país, se les considera una influencia estabilizadora y por lo tanto son apoyados por el gobierno de Bhutto.

## 1996
### Disolución del segundo gobierno de Benazir Bhutto

El presidente Farooq Leghari disuelve el segundo gobierno de Benazir Bhutto por presunta corrupción e incompetencia.

## 1997
### Nawaz Sharif forma su segundo gobierno; Malala nace en Swat

Después de ser nombrado primer ministro por segunda vez, Sharif asume la competencia presidencial para disolver el gobierno y nombrar al jefe del Estado Mayor del ejército. Por lo tanto, su segundo mandato es más seguro.

## 1998

### India lleva a cabo pruebas nucleares y Pakistán le sigue

Pese a la tendencia internacional hacia la no proliferación de armas nucleares, India y Pakistán llevan a cabo ensayos nucleares. Eso les vale críticas internacionales, pues el mundo teme una carrera de armamentos y un conflicto nuclear entre los dos países. A ambos se les imponen saciones internacionales, especialmente por parte de Estados Unidos.

## 1999

### Benazir Bhutto y su esposo, Asif Ali Zardari, son acusados de corrupción; Bhutto se exilia en Londres con sus hijos y Zardari es encarcelado; el general Pervez Musharraf toma el poder en un golpe de estado

Benazir Bhutto y su esposo, Asif Ali Zardari, son declarados culpables de los cargos de corrupción que habían conducido a la disolución de su segundo gobierno en 1996. Son condenados a cinco años de prisión y una multa, pero Bhutto, que se encuentra en Londres en esos momentos, permanece en el exilio. Zardari, bajo arresto después de haber sido acusado en relación con el asesinato del hermano de Bhutto, es encarcelado por corrupción. Por su parte, Nawaz Sharif se enfrenta a una fuerte oposición y teme otro golpe del ejército, la única institución que no está bajo su control. Intenta sustituir al general Pervez Musharraf, el jefe del Estado Mayor del ejército, por un oficial más dócil. Musharraf ordena al ejército que se haga con el control de las instituciones gubernamentales y se declara jefe ejecutivo. Suspende la Constitución, disuelve los órganos de gobierno y crea un Consejo de Seguridad Nacional integrado por militares y civiles para dirigir el país.

## 2001

**Ataque de Al-Qaeda el 11 de septiembre al World Trade Center y al Pentágono; comienzan los bombardeos estadounidenses de Afganistán; es derrocado el gobierno talibán; Osama bin Laden escapa a Pakistán**

En medio de una gran presión internacional, Pakistán se alía públicamente con Estados Unidos en la guerra contra el terror. No obstante, debido a la porosidad de la frontera con Afganistán, muchas personas, incluidos militantes, entran en Pakistán. Osama bin Laden también entró de forma encubierta por esta ruta.

## 2004

**El ejército pakistaní comienza una operación contra los militantes en las FATA; primer ataque en Pakistán de un dron estadounidense; Zardari es liberado y marcha al exilio**

Las Áreas Tribales bajo Administración Federal (FATA) están pobladas por tribus pashtunes, que conservan sus formas tradicionales de liderazgo con una intervención mínima del gobierno pakistaní. Como estas áreas tienen una frontera y fuertes vínculos culturales con Afganistán, los miembros de Al-Qaeda se ocultan en la región y la utilizan como base. El ejército pakistaní lanza un ataque en las FATA para expulsar a los militantes, pero no tiene éxito y firma un tratado con el líder militante Nek Muhammad Wazir. Esto crea un precedente de negociar con los talibanes en la zona y debilita el tradicional sistema tribal. Nek Muhammad Wazir no cumple las condiciones del tratado. Le mata un dron estadounidense. Zardari sale de la cárcel bajo fianza y se exilia en el Emirato Árabe Unido de Dubái.

## 2005
**El maulana Fazlullah comienza a emitir por sus emisoras en Swat; un fuerte terremoto mata a más de setenta mil personas en Pakistán**
El movimiento Tehrik-e-Nifaz-e-Sharia-e-Mohammadi (TNSM), iniciado por Sufi Mohammad, quiere imponer la sharía o ley islámica en Swat. Después de que Sufi Mohammad sea encarcelado, el maulana Fazlullah, su yerno, toma el mando en el TNSM. Pone en marcha docenas de emisoras de radio ilegales a través de las que predica la yihad o guerra santa. Finalmente se alía con Tehrik-i-Taliban de Pakistán, el brazo pakistaní de los Talibanes, que quieren implantar la sharía en todo el país.

## 2007
**El ejército asalta la Mezquita Roja de Islamabad; Benazir Bhutto regresa a Pakistán; Fazlullah instaura tribunales islámicos; Musharraf envía tropas a Swat; entran oficial-**

**mente en escena los Talibanes de Pakistán; Benazir Bhutto es asesinada**

Los clérigos protalibán de la Mezquita Roja o Lal Masjid de Islamabad, la capital de Pakistán, fomentan actos violentos para lograr sus objetivos. Las mujeres estudiantes llevan a cabo numerosos actos de desobediencia civil. Cuando esos ataques cobran mayores dimensiones y llegan a tomar rehenes, la policía y el ejército se ven obligados a actuar. Se produce un enfrentamiento entre los clérigos de Lal Masjid (y sus partidarios) y el ejército. Dura seis días y acaba con más de cincuenta muertos. Fazlullah llama a sus seguidores a tomar las armas contra el ejército por esta acción. Presionado para restablecer la democracia, Musharraf permite que Benazir Bhutto regrese a Pakistán. En general, se cree que han llegado a un acuerdo en virtud del cual Bhutto será primera ministra y Musharraf permanecerá en el poder por otro mandato como presidente. Bhutto es asesinada mientras hace campaña para su elección en Rawalpindi, Punjab.

## 2007-2009
### Los talibanes extienden su influencia por todo Swat

En represalia por lo sucedido en Lal Masjid, Fazlullah intensifica los ataques violentos para imponer la sharía en Swat. Después de las elecciones de 2008, se negocia un tratado entre los talibanes y el gobierno pakistaní para restablecer la paz en la zona. Los talibanes no cumplen las condiciones del tratado y continúa la violencia contra el gobierno, el ejército y los civiles pakistaníes. El ejército lanza una ofensiva cuyo único resultado es extender la violencia. El gobierno accede a imponer la sharía en algunas zonas de Swat. Fazlullah decreta un alto el fuego.

## 2008
### Zardari se convierte en presidente y Musharraf se exilia en Londres
El Partido del Pueblo de Pakistán gana las elecciones tras el asesinato de Benazir Bhutto. Asumen la dirección del partido su hijo Bilawal y su esposo, Zardari, que es elegido presidente.

## 15 de enero de 2009
### Todas las escuelas de niñas de Swat deben estar cerradas en esa fecha, de acuerdo con lo anunciado previamente por Fazlullah

## Febrero de 2009
### El gobierno de Pakistán llega a un acuerdo de paz con los talibanes; el *New York Times* presenta un documental titulado *Class Dismissed* (Se acabaron las clases)
Después del fracaso de la campaña militar en la zona, que conduce a la intensificación de la violencia, el gobierno firma otro tratado de paz con los talibanes. Dicho tratado impone la sharía en la región a cambio del alto el fuego. La región queda así, de hecho, bajo control talibán. Un documental del *New York Times*, filmado un mes antes, revela el terror al que

se enfrenta el valle de Swat mientras sigue la jornada de Malala y de su padre y muestra su deseo de mejorar la educación de las niñas. El documental contribuye a atraer la atención internacional hacia la causa.

## Abril de 2009
### El acuerdo se rompe cuando los talibanes se apoderan de Swat

Fazlullah imcumple las condiciones del acuerdo y empieza a ampliar la zona bajo su control. Los talibanes se apoderan de Mingora, la principal ciudad de Swat, y después de los distritos de Buner y Shangla, lo que les coloca muy cerca de la capital federal, Islamabad.

## Mayo de 2009
### El ejército pakistaní lanza una operación militar contra los talibanes en Swat; Malala, junto con su familia y otras 800.000 personas, abandona Swat

La amenaza para la capital, Islamabad, obliga a actuar de forma decisiva en Swat. Dos tercios de la población del valle de Swat huyen de la región.

## Julio de 2009
### El gobierno pakistaní declara que los talibanes han sido expulsados de Swat

La campaña militar expulsa a los talibanes de Swat. El maulana Fazlullah logra escapar.

## Diciembre de 2009

## El presidente Obama anuncia el envío de treinta y tres mil efectivos más a Afganistán, lo que totaliza ciento cuarenta mil efectivos de la OTAN

## 2010

## Grandes inundaciones en todo Pakistán se cobran la vida de dos mil personas

Son las peores inundaciones de la historia de Pakistán, con unos veinte millones de personas afectadas y la quinta parte del país inundada.

## 2011

## Es asesinado el gobernador del Punjab, Salmaan Taseer; dan muerte a Osama bin Laden en Abbottabad; Malala recibe el Premio Nacional de la Paz pakistaní

Confiesa el asesino de Salmaan Taseer, que es uno de sus propios guardaespaldas. Explica que le indignaba la oposición de Taseer a las leyes de la blasfemia pakistaníes. El crimen produce consternación en la comunidad internacional porque revela la intolerancia contra las comunidades no musulmanas de Pakistán. Una operación militar estadounidense da muerte a Osama bin Laden cerca de Abbottabad, en Khyber Pakhtunkhwa. El gobierno recibe numerosas críticas por haber permitido la incursión estadounidense en territorio pakistaní y por el fallo de los servicios de inteligencia que permitió a Bin Laden vivir en Pakistán de forma anónima.

## 9 de octubre de 2012
### Atentado contra Malala

Pese a las crecientes amenazas a ella misma y a su familia, Malala continúa asistiendo al Colegio Khushal. El 9 de octubre, cuando vuelve a casa después de las clases, disparan a Malala y a otras dos niñas en el autobús del colegio. Fazlullah, del grupo Talibán, reivindica el atentado. Las tres jóvenes sobreviven.

## 2013
### Musharraf regresa y es detenido; se celebran las elecciones pese a la violencia talibán; victoria amplia de Nawaz Sharif, que se convierte en primer ministro por tercera vez

Musharraf es acusado de abuso de autoridad cuando estaba en en el poder. Los cargos incluyen la detención ilegal de miembros de la judicatura. Su arresto muestra un cambio importante en la cultura de Pakistán, donde a los líderes militares anteriores no se les había hecho responder de sus actos mientras estaban en el poder. Por primera vez en la historia de Pakistán, un gobierno elegido democráticamente termina su mandato y entrega el poder a otro gobierno elegido democráticamente.

## 12 de julio de 2013
### El día en que cumple dieciséis años Malala se dirige a la ONU y aboga por la educación gratuita para todos los niños

En su nuevo hogar en Birmingham, Inglaterra, Malala va al colegio y continúa su campaña por la educación de los niños en todos los países.

# Nota sobre el Malala Fund

En todo el mundo hay millones de niñas y niños que no han ido nunca al colegio. Lo mismo que tú y yo, tienen grandes sueños y quieren crecer con expectativas de un futuro prometedor. Pero nunca tendrán la posibilidad de mejorar su vida.

Sé que tú y yo podemos cambiar esto. Está en *nuestras* manos. Por eso hemos creado el Malala Fund.

Uno de mis objetivos al escribir este libro era alzar la voz en defensa de todos los niños que no pueden hablar por sí mismos. Espero que mi historia anime especialmente a las jóvenes a descubrir la fuerza que reside en su interior. Pero mi misión no termina aquí: el Malala Fund cree que cada niña y cada niño tienen el derecho a recibir una educación de calidad.

En muchos países no cuesta más que un dólar al día enviar a un niño al colegio, y con cincuenta dólares se puede contribuir a que una niña que vive en la pobreza reciba una beca de escolarización. Podemos ayudar de muchas formas; sólo tenemos que decidir preocuparnos lo suficiente.

Unamos nuestros esfuerzos. Comprometámonos a ayudar al menos a un niño que no puede ir al colegio. Podemos organizar actividades para recaudar fondos. O pedir a otros estudiantes que ayuden a los que quieren ir al colegio pero no pueden. O, simplemente, prestemos nuestra voz a los que no pueden hacerse oír.

Juntos, podemos crear un mundo en el que cada niño tenga la oportunidad de ir al colegio y hacer realidad su potencial.

Puedes unirte a nosotros y descubrir más cosas en malalafund.org/voice.

Juntos, nos haremos oír.

*Malala*

# Sobre las autoras

**Malala Yousafzai** comenzó su campaña por la educación de las niñas a los diez años, cuando el valle de Swat fue atacado por terroristas y peligraba el derecho a la educación. En 2009 escribió sobre la vida bajo los talibanes para el servicio de la BBC en urdu y apareció en un documental del *New York Times* sobre la educación en Pakistán.

En octubre de 2012, Malala se convirtió en objetivo de los talibanes y la dispararon cuando volvía a casa del colegio. Sobrevivió y continúa su campaña por la educación.

En 2011, como reconocimiento a su valor y su lucha, Malala fue nominada para el Premio Infantil Internacional de la Paz y se le otorgó el Premio Nacional de la Paz de Pakistán. Es la persona más joven que haya sido nominada para el Premio Nobel de la Paz y ha recibido numerosos premios, como el Premio Infantil Internacional de la Paz (2013), el Premio Sájarov a la Libertad de Conciencia (2013), el Premio Embajador de Conciencia de Amnistía Internacional y el XXV Premi Internacional Catalunya 2013 que otorga la Generalitat de Catalunya.

Malala ahora vive en Birmingham, Inglaterra, y sigue abogando por el acceso universal a la educación a través del Malala Fund (malalafund.org), una organización sin ánimo de lucro que apuesta por programas de gestión comunitaria y apoya a los defensores de la educación en todo el mundo.

**Patricia McCormick** ha sido finalista en dos ocasiones del National Book Award y es autora de varias novelas para jóvenes que han sido aclamadas por la crítica. Vive en Nueva York con su marido. Para más información, puede visitar su página web: patriciamccormick.com.